牆的時代

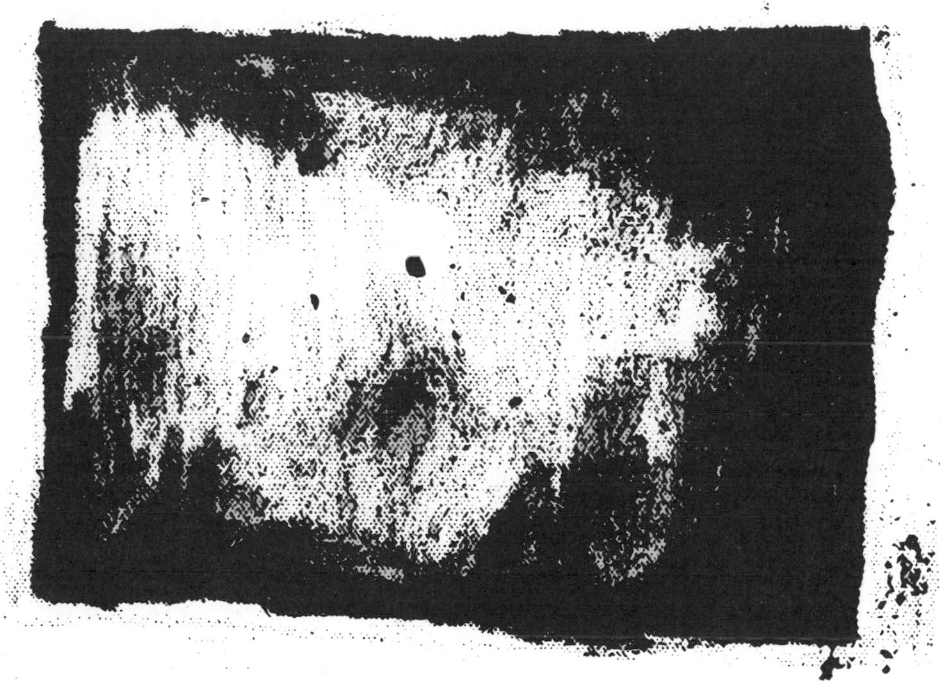

國家之間的
障礙
如何改變
我們的世界

獻給我的母親瑪格麗特・麥克唐納（Margaret McDonald）
以及與建橋梁的生活

各界推薦

「不忍釋卷……馬歇爾為我們清晰地剖析複雜的議題。」

——克里斯・提伯里（Chris Tilbury），英國《展望》雜誌（*Prospect*）

「非常簡單，是你所能想像對地緣政治提出最佳分析的一本書：閱讀它就好比點起明燈。」

——尼可拉斯・萊扎（Nicolas Lezard），《倫敦標準晚報》（*Evening Standard*）

「地理影響歷史，也影響人類的命運。」

——亞當・勒伯爾（Adam LeBor），《新聞週刊》（*Newsweek*）

「敏銳的分析，非常有趣的書。」

——安德魯・尼爾（Andrew Neil）

「馬歇爾純熟地解說世界現況，地理迷一定會喜歡他這本最新力作。」

——《柯克斯書評》（*Kirkus Review*）

「及時，令人振奮，攀越了歷史的高牆。」

——彼得・法蘭柯潘（Peter Frankopan），《絲路》（*The Silk Roads*）作者

「針對當今世界許多最大問題平易近人的入門作品。」

——英國《每日快報》（*Daily Express*）

「內容豐富、研究透徹、節奏明快……對於任何想要超越標題、深入探討當今世界若干最大挑戰來龍去脈的人士，這是一本迷人、快覽的作品。」

——英國《城市A.M》（*City AM*）

「對人類的物理障礙進行精闢而細緻的調查……對於分離人類的牆壁之啟發，實際上有更多的東西將我們團結在一起。」

——美國圖書館協會《書單》雜誌書評（ALA Booklist Starred Review）

目次

導論

以色列和約旦河西岸之間的邊界高牆，是全世界最戒備森嚴和最具敵意的邊界高牆之一。從上方極目四望，不論視線落在哪一方，都能看到牆從地面聳立，令人震懾不已。在這片巨大的鋼筋水泥牆面前，不但會因為它的占地遼闊備感壓迫，也會因其所代表的意義而顯得渺小。你在這一方，而「他們」在另一端。

三十年前，一堵大牆倒下時，進入了一個看似開放與國際主義的新時代。一九八七年，雷根總統前往分裂的柏林的那道布蘭登堡門（Brandenburg Gate），向他的蘇聯對手喊話：「戈巴契夫先生，拆掉這道牆吧！」兩年後，牆果然拆了。柏林、德國和當時的歐洲再次統一。這是兵荒馬亂的時代，有些知識份子預言了歷史的終結。然而，歷史並未就此終結。

近年來，「拆掉這道牆」的呼聲在與「堡壘心態」的對抗中占了下風。它掙扎著想被聽見，卻未能與駭人的群眾移民大浪、對全球化的反彈、民族主義的重新崛起、共產主義的崩潰、九一一攻擊事件及其後續發展等現象競爭。而日後這些斷層線界定了未來世界的形勢發展。

舉目所及之處都沿著邊界在築牆。儘管身處全球化和科技日新月異之中，但人們似乎比任何時候都更感受到分裂。數千英里長的大牆和圍籬在二十一世紀的全球各地竣工。至少有六十五個國家——超過全世界民族國家的三分之一——沿著邊界興建圍牆；第二次世界大戰後建造的圍牆，有一半是在二〇〇〇年至今這段期間建造。不消幾年，歐洲國家在其邊界所興建的高牆、圍籬和屏障，其長度將超過冷戰的高峰時期。從分隔希臘與馬其頓、馬其頓與塞爾維亞開始，接著隔開塞爾維亞與匈牙利；當人們慢慢對層層堆疊的刺絲網見怪不怪時，其他國家也紛紛跟進築牆——斯洛維尼亞人開始在克羅埃西亞邊界築牆，奧地利人也築起阻絕斯洛維尼亞人的牆；瑞典為了杜絕從丹麥非法入境的移民也築起高牆，與此同時，愛沙尼亞、拉脫維亞和立陶宛同步於與俄羅斯接壤的邊界興建防禦工事。

歐洲肯定不是唯一：阿拉伯聯合大公國沿著阿曼邊界築起柵欄，科威特在伊拉克邊界起而效尤。伊拉克與伊朗維持實質的分立，壁壘分明一如伊朗與巴基斯坦長達四百三十五英里的邊界。在中亞，烏茲別克雖是內陸國家，卻築起一道道牆和五個鄰國——阿富汗、塔吉克、哈薩克、土庫曼和吉爾吉斯——一一隔開，其中，與塔吉克的邊界甚至布以地雷區做為緩衝。故事可以一路說下去，汶萊和馬來西亞、馬來西亞與泰國、巴基斯坦和印度、印度和孟加拉、中國與朝鮮、朝鮮和南韓，全世界到處高牆林立、壁壘分明。

築牆的原因很多，這是因為我們在許多方面存在分歧——舉凡財富、種族、宗教和政治皆然。有時分歧導致暴力相向，為了保衛或防禦而築牆。有時高牆築起是為了擋住某些人，不讓他們進來。

有時根本不存在實體的牆，但分隔的感受卻依然清晰；它存在於人們意識之中。儘管肉眼看不到，卻與實體的牆區隔彼此的效果相仿。

這些牆透露了許多國際政治的現況，牆所代表的焦慮也跨越了民族國家的疆界。歐洲高牆林立，其首要目的是遏止移民潮——但這些牆也揭露了歐盟的結構、會員國之間的分歧和不穩定。川普（Donald Trump）總統倡議在美墨邊境興建高牆，旨在阻止移民從南方流入，但這堵牆同時也代表了許多支持者普遍的恐懼，他們深怕美國的人口結構因這些由南方流入的移民而產生變化。

分歧影響了每個層面的政治——不論個人、地方、國家和國際。我們亟需了解是什麼區隔了彼此、持續隔開彼此的是什麼，才能了解今日世界是如何運行的。

回想名導演史丹利．庫柏力克（Stanley Kubrick）一九六八年的科幻電影《二〇〇一太空漫遊》（*2001: A Space Odyssey*）開頭〈人類源起〉那段景象。史前時代非洲的疏林莽原（Savannah），一個類人／人猿的小部落成員和平地在一處水井喝水，此時忽然出現另一個部落。樂於與部落成員分享的眾人，卻抗拒與初來乍到的「其他」部落成員共享水源。接著雙方發生尖銳的對抗，新部落成功地接管水源，迫使其他人撤退。這時，如果新部落有製作磚塊的知識，再配上一些水泥，就可以興建圍牆保護爭奪來的財產，並與外人隔離開來。但畢竟在百萬年前的時代，只要原部落重整旗鼓後重返現場準備收復失土，雙方勢必再度交戰，集結成為部落、因為外來人的出現警覺，以及對可能的威脅做出反應，都出於人性。我們建立攸關生存的關係，也是為了社會團結。我們發展出群體認同意識，卻往往導致與他人衝突。群體為搶資源而競爭，但這裡頭也有認同意識衝突的元素——也就是「我們與他們」的區分。

在人類早期歷史裡，人們狩獵採集：尚未有固定居所，或取得可能被覬覦的永久固定資源。之後，在今天的土耳其及中東某處，人類開始耕作同時不再四處巡狩、覓取食物，或放牧家畜家禽、犁田耕作，等待收成。突然間（在演化的環境中）需要建立的防護愈來愈多：築牆與屋頂來安置人和家禽家畜；圍籬用以標示領域範圍；建築堡壘，做為領土被敵人征服時的退守之處，同時也可用來保護新制度。牆的時代於焉出現，從此掌握住人們的想像力。一如我們今天仍傳頌著特洛伊（Troy）、傑里科（Jericho）、巴比倫、中國萬里長城、大辛巴威、哈德良長城（Hadrian's Wall）[1]、秘魯印加長城（Inca Walls）、君士坦丁堡等故事。它們代代相傳，透過時間、區域和文化，流傳至今——只是現在的邊界高牆通了電、加上探照燈，還安裝了監視器。

這些實質的分隔映照出內心的想像——指導文明、並賦予我們認同意識和歸屬感的偉大思想——譬如基督教的大分裂，伊斯蘭教分裂為遜尼派和什葉派，以及近代史上共產主義、法西斯主義和民主國家之間的鬥爭。

湯瑪斯．傅里曼（Thomas Friedman）出版於二〇〇五年的著作《世界是平的》（*The World is Flat*），書名根據的信念就是全球化必將使人們更加親近。它的確已達成這樣的目的，卻也啟發了屏障的興建。當人們感受到威脅時——如金融危機、恐怖主義、暴力衝突、難民和移民、貧富懸殊擴大——

便會更緊密地與所屬的群體擁抱。「臉書」的共同創辦人馬克．祖克柏（Mark Zuckberg）認為，社群媒體會把人們結合起來。從某些方面來看確實如此，但它也提供了新的網路部落聲音與組織能力，有些人花時間在網路上到處謾罵、區分人我。現在許多看似族群之間的衝突也與以往一樣頻繁。我們今天所面臨的問題是：現代的族群以什麼形式存在？人們是以階級、種族、宗教或國籍來界定自己嗎？這些族群在「我們與他們」這個概念猶存的世界中能共存嗎？

歸結到底就是這個「我們與他們」的概念，以及我們在內心築起的牆。有時「其他人」有不同的語文或膚色，不同的宗教或其他的信仰。最近在倫敦，我帶著三十位來自全球各地的年輕新聞工作者，就出現這樣一個例子。我參與他們的訓練課程，提起伊朗與伊拉克的兩伊戰爭造成一百萬伊朗人喪生。我使用了可能笨拙不當的詞彙：「穆斯林殺害穆斯林」。一位年輕的埃及新聞記者從座位上跳起來高聲抗議。我指出這場可怕戰爭的統計數字，他答道：「是的，不過伊朗人不是穆斯林。」我的心頓時為之一沉。事實上，大多數伊朗人是什葉派，因此我反問他：「你是說什葉派不是穆斯林嗎？」他答道：「是的，什葉派不是穆斯林。」這種分歧並未涉及資源的爭奪，只與所認定的唯一真理相左，而那些持有不同觀點的人就是小人。這種斷然的優越感，將讓牆很快築起。若再涉及競奪資源，牆就蓋得愈高。現在我們似乎正處於這種情境。

基於本書寫作上的方便，我使用牆這個字眼代表障礙物、圍籬及各種形式的分歧和區隔。我們在每一章中都會談到實體的牆，它們多半與磚塊和砂漿，或是鋼筋水泥和鐵絲線有關，但這些牆是分歧「什麼」、而非「為什麼」——而且它們只是故事的開端。

由於還未能夠採訪每個分裂的區域，因此我著重於最能代表全球化世界對認同意識挑戰的題目：移民的效應（美國、歐洲、印度次大陸）；民族主義在統一及分治上的力量（中國、英國、非洲）；以及宗教和政治的交會（以色列、中東）。

在中國，我們看到一個強大的民族國家，其國境之內存在許多分歧——譬如區域不靖和貧富懸殊——對國家統一構成風險，對經濟進展和權力產生威脅；因此中國政府必須對人民進行管控。美國也分裂，但原因不同：川普時代加劇了這個自由國土內種族關係的惡化，也揭露了共和黨和民主黨此前無以復加的分歧，今日兩黨比以往更加對立。

以色列和巴勒斯坦之間的分歧年代久遠，但在各自的族群內還有許多更深的區隔，目前幾乎沒有協商出解決方案的機會。宗教和族裔的分歧也在中東各地點燃暴力相向的火苗，其中又以什葉派和遜尼派穆斯林的鬥爭為主——每個單一事件都是複雜因素糅合的結果，但大部分都可歸結到宗教，尤其是沙烏地阿拉伯和伊朗之間的區域對立。印度次大陸人口現在與未來幾年的移動過程中，逃避宗教迫害的人士以及經濟和氣候難民的困境都將一一浮現。

在非洲，殖民者所留下的邊界已證明難以與依然強大的部落的認同意識調和。在歐洲各國，歐盟的概念正受到威脅，牆也重新豎立，證明冷戰時期的歧異還未完全解決，在國際主義年代，民族主義也從未真正消失。在英國即將退出歐盟下，脫歐公投反映出整個聯合王國的分歧——長期建立起來的區域認同意識，以及更晚近在全球化時代所形成的社會與宗教的緊張，在在衝擊著世界。

在恐懼與不安的時代，人們將繼續群聚成為團體，藉以保護自己並與威脅的感受對抗。這些威脅將不會只來自邊界，也會從內部出現——中國就有許多事例……

譯註

1 哈德良長城是羅馬帝國君主哈德良為防衛不列顛島，抵禦蠻族，在今天英格蘭北面邊界所建的防禦工事。它在一九八七年被聯合國教科文組織列為世界文化遺產，本書第八章將有詳細介紹。

第一章
中國

「和真實世界一樣，網路世界也需要和平與秩序。」

——中國國家主席習近平

歷來中國皇帝為了一統帝國中的異族與分立的領地皆須煞費苦心。習近平主席也不例外。或許沒有皇帝的名號，但習近平的正式頭銜已說明一切——他集中國共產黨總書記、中華人民共和國國家主席，以及黨和國家的中央軍事委員會主席等身分於一身——而其他各式各樣官銜族繁不及備載。他不僅是中國最高領袖、還是最最高領袖。

他所領導的一切，只有「大」這個字可以形容——包括面臨的挑戰。中國的五大地理時區所涵蓋的面積堪比美國。在這片空間裡，住著十四億各式各樣族裔的人民，說的是數十種不同的語言；這是具有共產主義中國特色的多元族裔帝國。儘管名義上有五個地理時區，但中國只有一個官訂版正式時區。若要回答「現在是什麼時間」，答案是「北京說的時間才算數」。這個中心規則長期以來皆是如此，但是二十一世紀這位皇帝享有前人所未曾擁有的福庇。他可以從空中俯瞰他的帝國——從喜馬拉雅山脈到日本海和戈壁沙漠，並直抵南中國海的這片帝國，而且現在還是跨越全球的經濟帝國。

習近平擅長悄悄地對外投射他的權力。他比前任領導人更加頻繁出國訪問。他飛到世界各國首都，對於新中國統合的經濟實力深具信心，只是在前往機場的路上，觸目所及的景象都提醒他，身為中國領導人要維繫權力一定得十分小心。

車子上了機場快速道路，出北京後一路往東北方長城開去，一開始居民之間的差異在外國人眼中並不明顯，但旋即就清楚了。而習近平只需一眼便可分辨，因為許多差異發生在他這一輩子中，甚至有些差異就出現在他的領導之下。

從霓虹燈閃爍的廟與富人的高檔公寓叢聚的市中心出發，這條路上經過數英里的高樓住宅區，這裡住著不斷蓬勃發展的中產階級。再往外走，是年復一年、一波又一波不斷湧入首都和其他大城市求職的民工。本地人可以指出哪塊住宅區的居民經濟條件好、哪塊住宅區是為了收容大量湧入的外來人口而草草興建。一旦出了城進入小鎮和鄉村，霓虹燈漸稀、商業化的足跡也淡去了。這部分的中國鄉鎮單調、沉悶、乏味、斯巴達式，沒什麼休閒設施。在外國人眼裡，只有鋪天蓋地的灰澀意識。這或許就是中國存在的最大分歧——城鄉差異極大、貧富極為懸殊。下文將會提到，掌握政權的中國共產黨對此極為擔憂。因為它十分清楚人民共和國的統一和穩定，相當程度地端視如何縮小此一差距，如果做不到，它對人民的鐵腕控制就會鬆動。

統一向來攸關中國的成功，同時也是最大的挑戰之一。過去在國家統一這件事上，扮演實質和象徵角色的是萬里長城。如果習近平沿著快速道路一直向前，直接越過機場，將會走上八線道的公路，繼續往東北方走，從這裡將來到一處緊抓住全世界想像力的結構體。

在靠近長城慕田峪段時，公路縮減為簡單的兩線道路，建築物變少、地景更加蒼綠。這時離長城還有幾英里，道路將引導車輛進入停車場，這時必須換乘大巴士，才能抵達道路的終點。接下來，可以搭纜車登頂，或上坡走兩英里、可能還會有一群山羊陪著走路。山羊的陪伴由不得你選擇——如果牠們想跟著你走，就跟著你；如果不想，牠們就自行走開。不論選擇哪條路線，最後都將看到不虛此行的景象。

當我第一次看到這座數英里長的磚牆在山上蜿蜒而行時，並不覺得它比美西大峽谷更壯觀偉大，也不覺得比站在全世界最高大樓杜拜的哈里發塔（Burj Khalifa）旁那麼渺小。我沒有感受到政治意識形態從這座牆身上冒出，而我當年在冷戰高峰時參訪柏林圍牆，卻有這種感受。但是，這裡的確有其特殊之處，不知道這樣的理解是對是錯，我覺得自己更加了解中國。

我不能自詡是專家——我絕對不是專家——但在這一刻，我更能理解「古代文化」和「人類史上最偉大成就」這些詞彙，以及中華人民共和國的許多人民今日仍把世界區分為中國人與非中國人的概念所代表的意義。畢竟萬里長城就是依據一個簡單的概念興建：關內是文明、關外就是蠻夷。

在我背後的南方，是漢人居住的中國中原內地。往北，越過山脈遠方就是蒙古草原與沙漠，右側是滿洲，左側是新疆。

在兩千五百年前長城出現之前，北方的山脈提供漢人某種程度的保護，他們已在華北平原肥沃的土地上發展出定居的社會。但是，來自滿、蒙和回疆三區域的突襲隊伍有時是全面大軍，會設法穿過山隘，進入平坦的封建各國農業地帶和城市，如北京、洛陽和開封等。因此，幾個世紀下來，中國人就發展出「我們和他們」這種典型的象徵。

美國偉大的漢學家費正清（John King Fairbank）對長城的描述或許最恰如其分，費氏稱它是「草原與耕地、遊牧與農業、野蠻與文明的分界線」。這也吻合當時流行的「漢人中心論」——相信中國是全球文化中心、是最先進的文明。漢人也相信中國的皇帝是奉天命、是全世界唯一的統治者，也是全世界的皇帝。隨之而來的，不僅是認定其他統治者皆為下屬，其他文明也屬低劣。不同民族的近鄰雖然可以有自己的領導人，但必須接受中國皇帝的統治。鄰近的蠻夷之邦可以有國王，但必須承認地位遠低於中國皇帝。更遙遠的地方，如新疆、爪哇和日本，則被視為「朝貢國」，必須向中國進貢。這不是一個能爭取朋友的世界觀，但的確影響著許多人，也運行無礙了很長一段時間。

千百年來，長城強化了中國的安全，鞏固它做為一個政治實體，又提供了安定，得以開發華西和華北的農田。由於長城向西延伸，同時也保護了一部分絲路，促進了經濟成長。極長再加上平行的城牆，這個防禦系統全長超過一萬三千英里。為了讓讀者想像其規模，換句話說，它等於四座從美國東岸、橫跨大陸直抵太平洋的平行的高牆，而且還多出許多磚塊。

儘管隨著年代演進，長城扮演統一國家的實質角色的地位逐漸降低，但在全民意識中仍是個重要的象徵。共產黨在一九四九年奪取政權後，毛澤東寫了一首詩〈六盤山〉描述長征的經過，以下是其中幾句：

天高雲淡
望斷南飛雁
不到長城非好漢
屈指行程二萬

倒數第二行的詩句後來成為常見的諺語：「不到長城非好漢」，意即「克服不了難關、算不上英雄」。

但這首詩在新政權中引起了一些問題，共產黨員對於長城的看法似乎並不一致——許多人認為它是中國封建歷史的象徵，應該交付給歷史，甚至鼓勵民眾去惡意破壞。但由於毛澤東所寫的詩，其他共產黨幹部又希望踏上長城藉以彰顯「毛主席精神」。如果有機會造訪慕田峪這一段，可以看到山上巨大的白色題字：「效忠毛主席」。一九四九年通過的中國國歌也提到長城，因此黨清楚地告訴大家，它承認長城的文化和歷史重要性。不過大體上，他們不太理會它——至少一開始是如此。然而，文化大革命期間，最狂熱的紅衛兵積極破壞某些區段的長城——他們認為長城是「四舊」的一部分；在新中國容不下「舊風俗、舊文化、舊習慣、舊思想」。

毛澤東死於一九七六年，文革也戛然落幕。一九七八年之後，新領導人鄧小平開始有條不紊地重建長城。他緩慢地進行——後毛澤東的頭幾年，保持謹小慎微是對的——到了一九八四年，他有了足夠的信心宣布：「讓我們來愛中國，重建長城。」就這件事而言，鄧小平可能著眼於觀光事業和賺取外匯；共產黨領導人開始接受資本主義，也明白自己遙遙落後於世界其他國家。因此，北京通過法令，禁止破壞、拆除或在長城胡亂塗鴉，並表示將重建長城、開拓觀光旅遊。

萬里長城對於中國人及其他國家人士心目中的想像力扮演著重要的角色——雖然某些歷史學者認為歐洲人比中國人本身更迷戀它，而他們對此一中國結構體的理解、認同都更勝一籌。因此，對外國人界定中國、以及中國人界定中國而言，長城都很重要。

實際上，就軍事意義觀之，長城只算得上部分成功。毫無疑問，它的預警系統、城堡和戰略關隘，提供了若干保護，但我們也看到，它並非固若金湯。不過，做為防衛的象徵，把漢人和「外夷」隔絕，這個角色是無價之寶；直至今日它仍然是偉大、古老文明的表徵。

但是，偉大的現代文化又有什麼代表？

西元前二二一年秦始皇征服戰國七雄、統一中國，然而這只代表中國已存在兩千三百年，並不意味著中國會永久存在。

中國人不喜歡和外國人討論自己國家的問題與分裂。但在英國和法國可能不難找到樂於對自己國家即將出的亂子侃侃而談的人；在中國，批評國家被視為不愛國和丟臉的事。當然，中國仍然是一黨專政的國家，批評可能招致危險。

即使如此，中國的二十三個省、四個特別市、五個自治區和兩個特別行政區，仍存在著問題和分裂。最大的問題之一是漢人的中原，和以半圓形包圍中原的非漢人區域，兩者之間的差異。東北方是滿洲、正北方是內蒙古、西北方是新疆，西方則是西藏。這些區域就安全、天然資源和貿易而言，對中國都非常重要，但是它們並不全然認同中國的統治。滿洲現在已經完全為漢人所主宰，但是其他區域仍維持自己的認同意識、語文、風俗，而以新疆和西藏而論，也有各自的宗教（伊斯蘭和佛教），甚至分裂運動。

中國試圖控制新疆及其維吾爾族人民已有數百年之久，但當地居民從未全盤接受過北京的主宰。十八、十九世紀當地發生一系列叛亂，一九三〇年代甚至短暫出現東突厥斯坦共和國。毛澤東在一九四九年兼併新疆，現在它大約占全中國領土面積的六分之一。為了讓讀者了解新疆有多地廣人稀，可以用這樣的比喻：它的面積約為印度的二分之一，但人口還不及印度的百分之二。

自一九四九年以來，漢人大量移入新疆，再過幾年，漢人很可能會在目前新疆兩千兩百萬人口中超過半數。這段過程並非沒有遭遇反抗。維吾爾人抱怨拿不到好工作，又遭受由國家控制的營建業所組建的民兵迫害，偶爾發生暴亂和族裔衝突。有時反對運動在法律允許的範圍下進行，也有小規模的恐怖行動，後者一部分是受到從伊拉克和敘利亞回國的穆斯林戰士所策畫推動。一般相信，中亞各國的聖戰組織也以金錢支援他們，必要時亦提供安全庇護。當恐怖組織伊斯蘭國公布一段維吾爾男丁在伊拉克受訓，誓言在中國插上其旗幟，並威脅要讓中國「血流成河」的影片之後，北京當局更是提高警覺。

二〇一七年春天，維吾爾人和漢人地區爆發種族暴力衝突。政府旋即出動武裝部隊強力鎮壓。新疆區黨委書記建議軍隊「將恐怖份子的屍骸埋沒在人民戰爭大海之中」。習近平則有所節制，只表示要建造「鋼鐵長城」以保護新疆，他也提出警告絕不能容忍族群分裂：「就像一個人愛護自己的眼睛一樣，也必須珍愛民族團結。」

動亂並沒有鬆動北京的鐵腕控制。新疆是個緩衝區，位於新絲路上，也是重要貿易通道，大量的煤礦蘊藏是對能源飢渴的中國所迫切需要的資源。然而，即使如此，當局對當地局勢絲毫不敢掉以輕心。這種分裂和不滿將破壞共產黨是唯一權力源頭及人民保護者的形象。

西藏也是如此。戰略上，它是中原的緩衝區，防止印度控制中、印邊界的高原地帶——按理說，喜馬拉雅山扮演屏障，或許正因為如此，中印兩國之間從來沒有爆發過重大衝突。它也允許中國保護它的水源——西藏有時被稱為「亞洲水塔」，許多大河發源於此。

若以藏人分布的三個省來丈量西藏，其面積約為九十六萬五千平方英里，將近法國的四倍，大約相當於中國陸地面積的四分之一。不過，北京提到西藏時，指的是西藏自治區，它成立於一九五〇年中國擊敗藏人部隊之後。西藏自治區面積不到原本藏人三個省份面積的一半，其他藏人地區則被納入中國其他省份，因此西藏自治區人口只占全中國藏族人口的三分之一。

和維吾爾族穆斯林一樣，西藏佛教徒存在著強烈迥異於漢人的認同意識。然而，就新疆和西藏兩地區而言，自治的希望幾乎消失殆盡。據估計，目前西藏人口中有一半是漢人。正確的數字取得困難，但一般認為這個地區的藏人和漢人人口各約六百萬人。漢人分散居住於整個區域。在較大的城鎮中，雖然漢人與藏人分居在不同的街坊，但已犬牙交錯，而農村地區藏人仍超過半數以上。

只要漢人內部的問題無虞，國家機關就有餘裕處理族裔之間的分歧。這些分歧可能對中國長期繁榮和統一構成最大威脅。共產黨非常認真看待此一威脅，從歷史上學到的教訓，讓他們明瞭人民分裂後國家轉弱，會發生什麼後果。

十九世紀，中國發現其貿易運作模式發生大反轉。穿過中亞的陸上貿易通路一向是經濟上首重，但現在海路卻變成首要通路。這樣的反轉不完全出自選擇——英國及其他列強使用軍事力量迫使中國給予優惠貿易條件。貿易重心遂移向太平洋岸，這使得中國沿海得以發展，但卻削弱了內地的貿易前景，投資在內地基礎設施的金額自然減少。因此，沿海地區繁榮發展之際，赤貧的農民依舊赤貧——外國人卻變得愈來愈強大。如此一來侵蝕了中央對地方的權威，而造成國家分裂的部分原因。人民既已分歧，中央就支撐不住。中國既已徹底削弱，面對「洋夷」殖民者、內戰乃至宿敵日本於一九三一年大舉入侵，便無力抵抗了。

第二次世界大戰後，共產黨贏得國共內戰，他們知道必須多少把國家統一起來。共產黨政權並不時興自由傾向或放鬆統治、分享權力這一套。列強已被驅逐，共產黨幹部入主各區域中心。在毛澤東統治下，他們粗暴地鎮壓各區域的異議跡象，將所有的權力集中於北京黨中央——自一九四九年之後北京又成為中國首都。

與已開發世界的諸多貿易連結已然切斷，部分促成了共產主義的偉大理想——平等。沿海地區幾乎慢慢變得和內地一樣貧窮，解決了區域不平衡這個大問題。除了黨大官之外，絕大多數的人民繼續貧困生活了好幾十年，這段期間毛澤東鞏固權力、把非漢人地區緊緊控制住。

毛澤東或許成就了中國統一，但也付出了發展的代價。在這段期間，東亞地區其他國家崛起、加入世界經濟，快速改善國家體質。日本、南韓、新加坡等國家在經濟方面全都超越中國，甚至有些國家軍力也超過中國。如果這個趨勢繼續下去，一旦大家發覺中國極度落後，就會威脅到中國的國防安全及內部凝聚。

毛澤東的接班人鄧小平深吸一口氣，決定放手一搏：假如中國消費者已經窮到買不起中國所能生產的東西，中國的經濟就必須再度對外面的世界開放。這意味著通過太平洋沿海對外貿易，讓沿海地區比內地更快速發達起來，這就必須冒著重蹈十九、二十世紀分歧的風險。

從那時到現在都在和時間競賽。這個策略依賴的經濟政策必須不惜一切、維持不懈怠的步調。中國得持續不斷生產東西。世界必須持續不斷購買這些東西。如果需求下降，中國便可能無法像正常的資本主義制度能自行調節，停止生產將讓中國吃不消，只能持續不斷生產，維持工廠開工，補貼銀行；不論過剩多少，都要想辦法賤價往海外市場傾銷，同時也向國內買得起的民眾大量銷售。重點是，系統不能停下來，一旦停了，國家或許也完了。

這是舊蘇聯共產主義制度神妙的資本主義版本；在蘇聯制度下，從來不管市場實際需求數量，只依據政府指示數字生產拖拉機。它使數億中國人脫貧——然而，代價是環境的破壞，以及重新擴大沿海和內陸地區之間，以及貧富之間的差距。

城市和農村勞工之間的工資差異，過去幾年略為縮小，即使現在，一般城市工人的工資還是農村工人的三倍。中國所得不均的水平之高在全世界名列前茅，這形塑了一種感受，彷彿中國的財富製造機器是為少數人服務、不管多數人死活——用中國俗話說，替「趙家人」服務。這句話源自名作家魯迅一九二一年小說《阿Q正傳》書中的一句話：「你以為你家財萬貫像趙家嗎？」這個典故自二〇一五年開始出現在中國網路上，今天提到「姓趙或不姓趙」，指的是富人和窮人。

所有的國家都有財富不均的問題，也都有類似的比喻說法，差別在於中國貧富懸殊差距極其巨大、而且落在貧窮一方的人數之多令人驚駭。二〇一五年，北京大學「中國家庭追蹤調查」發表一份探究「中國人民福祉」的報告，其結論是，整體而言，貧富不均情勢日趨惡化。報告指出，中國三分之一的財富由百分之一的家庭擁有，而且底層百分之二十五家庭擁有的財富僅有百分之一。這樣的貧富懸殊可以追溯到一九七九年經濟改革開放。

政府非常清楚這種差異可能造成的問題和風險，特別是二〇一五年一項網路調查指出，貧富懸殊對醫護和教育造成的影響，是人民希望政府解決的最重要問題。《人民日報》討論這項報告的報導評論：「這種不平均已變成穩定現象。如果不能有效解決，它們很可能威脅社會安定，成為未來社會發展的瓶頸。」

世代之間也出現分歧。有些老人家懷念毛主席時代的「平等」。他們對年輕世代不以為然，而不少年輕人其實是在城市生活，有更好的教育條件，也是消費主義者，或至少盼望能有錢花。共產黨的未來依靠它能帶給這些年輕人什麼樣的生活，以及他們如何看待黨。

中國社會此一裂縫沒有再擴大的空間。政府解決這個問題的方法之一是，創造更大的城市消費人口，藉以抵銷出口外銷停滯對經濟造成的衝擊。各方的估計或有不同，但本世紀至少有一億五千萬人離開農村，而且預期人數還會增加。年輕世代搬離農村，其中極大比例是男性——已婚男性有時是單身到城市尋找工作，把家人留在家鄉照顧田地。儘管如此，我們仍須記得，現在約有九億中國人住在農村地區、另外約五億人住在城市。

過去的改變很快，未來還會更快。北京盼望在二〇二六年以前將二億五千萬人遷移到城市，換句話說，到時候中國半數人口將住在城市。要達成這個目標，涉及到大量遷徙人口，加上破壞農村和建設城市、巨型城市、道路和高速鐵路。人口移動多半還是由西向東，西部仍然多為農村，有較高比例的文盲；東部，尤其是沿海地區，愈來愈城市化，走向高科技、工業和企業。

然而，人口大量向城市遷移，暴露和惡化另一個城市居民之間的差距，而且依然是貧與富之間的差距。這個問題的源頭是「戶口制度」。戶口制度根源於國家的社會結構。它是強化農村人口是二等公民這樣的認知因素之一。

戶口制度歷史比萬里長城更加久遠，可以上溯到夏朝（西元前二〇七〇年至一六〇〇年），戶口制度把每一個家庭、每一個成員統統登記起來。到了一九五三年，中國共產黨還在實施這個古老的制度，但開始把人民區分為農村居民或城市居民。不只是為了控制每一個人，用意也在於阻止人民從農村移往城市地區，這是由於當時的城市吸收不了過多的人口移入，同時也是為了避免重蹈上個世紀城鄉間不均的覆轍。

直到今天，戶口制度依然存在，每個人的姓名和父母的姓名、配偶、出生年月日等都必須登記——在許多國家，這是正常規定。但在中國，登記在哪裡，就決定了住處，更關鍵的是，這決定了在哪裡可以接受國家補助及哪種形式的補助。關鍵的差異出現在本地人和非本地人，以及農村和非農村類別，各有不同。

假設你家的戶口登記在非農業區的上海，立刻就可以得到市政府提供的相當大範圍的醫療和教育服務。譬如，根據《中國經濟評論》的報導，北京市每個學童平均分到的經費，在一九九八年比貴州省多出十二倍，到了二〇〇一年更增加到十五倍。另一方面，假如戶口登記在距上海西方一千英里的農村地區，能進入的學校水準就遠低於上海，社會服務的範圍也相當有限。甚至，工作可能是累死人的勞力工作，有時僅能餬口。

於是你遷居到上海，在工廠上班。工資立刻升高，或許可以寄些錢回家。但因為登記為「農村務農」，因此不能在上海申請社會安全或醫療照護。假如結婚生子，也不能把小孩註冊登記在上海念書。這就造成大量的城市農民工低端階級，他們來自農村地區，完全不能享有社會服務。他們過去在農村地區是二等公民，現在發現自己到了城市還是二等公民。

政府想解決這個問題，卻左右為難。其中一個方法是在農村地區發起社會性資金挹注的革命，把農村地區提升到城市的水準。但這樣做不僅耗費鉅資，也可能使人們選擇留在農村——這時政府心知肚明，經濟政策若要奏效，仍然需要創造城市消費人口。更糟的是，已經來到城市的人一部分可能選擇回到農村。一旦發生人口回流，經濟奇蹟將會爆裂，失業率躍升，接下來就是社會失序。

北京終究必須平衡它的帳冊，也必須出資補救戶口制度，讓從農村地區來到城市的人得到照顧，同時又要在城市持續成長下，普遍增加社會服務經費——然後或許最理想的是同時提升農村的水準，還能鼓勵向建設地區遷移，最好是在內地創造新城市。

這是相當艱鉅的挑戰，無法直接了當進行；除了經費龐大之外，光是要在全國各地創造那麼多新城市環境，在後勤運籌上就是一項重大挑戰。北京正在思考允許區域政府擁有更多權力課稅、透過出售土地增加歲入，並允許視需要花費款項的想法，有可能奏效。一旦失敗，北京就必須出手拯救地方政府。但即使成功了，還是可能成為黨最忌諱的事——區域主義因而興起。

鄧小平顯然了解他的豪賭會引起諸多這類議題。一九八六年哥倫比亞廣播公司新聞網（CBS News）記者麥克·華萊士（Mike Wallace）對這位八十二歲的共產黨領導人有場很著名的專訪，他問到鄧小平在一九七〇年代末期講了一句令人震驚的話：「致富光榮」。鄧小平回答：「根據馬克思主義，共產主義社會是以物質富足為基礎……因此，致富不是罪惡。但我們講的致富跟你們講的致富並不一樣。社會主義社會的財富屬於人民。在社會主義致富表示繁榮歸於全體人民。社會主義的原則，第一是開發生產，第二是共同繁榮。我們允許某些人和某些地區先富起來，是為了更快達成共同繁榮。這也是為什麼我們的政策不會導致兩極化——富者愈富、貧者愈貧。」

不過，他對了一半，也錯了一半。錯的一半是因為富者愈富，對的一半是儘管貧富懸殊差距極大，貧者沒有愈貧——事實上許多人更加富裕。

中國已經創造約四億人口的中產階級，也使其他數億人脫離赤貧。這件事還在進展中，但無法排除事情倒退的可能性，有夠多的中國人仍然記得過去絕大多數人有多貧窮，而且幾乎沒有機會脫離貧窮——畢竟，今天成年人的祖父輩絕大多數在當年是封建社會的農民。這讓黨有多一點時間處理問題；但是如果黨不能盡快縮小財富差距，最後，來自「非趙家人」的憤懣將會與日俱增。

政府面臨的另一個問題是人口老化。當然這不是中國獨有的問題。但由於「一胎化」政策，在中國就成了極特殊的問題，中國的人口老化遠比其他國家來得快。不到十年之內，老人人口將從兩億人增加為三億人。政府對人口結構如何變化做好準備了嗎？它的經濟政策依賴的是年輕和充足的勞動力。就比例而言，這個能夠就業的人口——也就是納稅人——將逐漸縮小，而提供老人照護的財務負擔將會增加，使得經濟進展陷入危機。

還是一句話：解決方案並不清楚。有一個選擇方案是把退休年齡提高五歲，但這只是把問題往後推延，同時又創造新的問題：教育體系產生出來的大學畢業生也需要就業機會；失業和缺乏升遷已經造成困難，如果老一代再延後退休，問題只會更加惡化。另一個替代方案是確保社會服務能夠提供退休年金，並且放棄「一胎化」政策。中國政府已經在二〇一五年放棄「一胎化」政策，但仍在想方設法籌措退休年金財源。

這些都是漢族內部暗潮洶湧的眾多分歧，如果更加惡化，將全都對政府構成潛在的危險。當局如果要維持經濟政策在軌道上，並且羈縻住邊疆地區，就必須維持住對中原的控制。他們的解決方案是，控制住資訊的流通，防止異議思想散布，制止反對勢力鞏固。他們必須分而治之，才能維持統一；因此在網際網路時代，中國的防火牆長城應運而生。

如此一來就產生了矛盾的政策：一方面要壓制資訊，可是同時又要創造活潑的經濟，它們卻愈來愈以全國之內及與外在世界擴大資訊交流為基礎。在網際網路的早期階段，對於費盡力氣保護自己是中國唯一權力和資訊來源的政府而言，並不是問題。由於上網受到限制，因此所有的國內大眾通訊都被國家控制，數量有限的網路咖啡廳或能連線上網的大學很容易就能監控、或透過電子方式予以監視。二〇〇五年時全國只有百分之十的人能夠上網，如今上網人數已經占百分之五十，而且還繼續上升中。換句話說，中國網民約為七億人，相當於全球上網人數的四分之一左右，這就難以控制了。

把中國人民從數位上與外在世界切斷，要比分化他們來得容易。外界所謂的防火牆長城，在中國稱為「金鐘罩」。這個朝向外界的防火牆意在保護中國人民不受民主、言論自由和通俗文化的有害思想影響。雖然有些「翻牆」的虛擬私人網路（virtual private network, VPN）服務被設計用來「翻牆」，但絕大多數中國人不能上《時代週刊》、Dropbox、《經濟學人》週刊、臉書、YouTube、國際特赦組織（Amnesty International）、《西藏郵報》（*The Tibet Post*）、挪威廣播公司、《世界報》（*Le Monde*）或色情站（Pronhub）等各式各樣的網頁。

同時，國內的防火牆是為了防範可能的政治網絡，並將發生的事件侷限在國內某一地區——譬如新疆——而和其他地區間隔開來。黨特別擔心社群媒體被用來組織志同道合人士可能在公開場合集會示威，而造成動亂。

羅吉爾・克里彌斯（Rogier Creamers）是荷蘭列登大學（Leiden Univer-sity）專門研究中國法律和治理的研究員，也是世界頂尖的中國網際網路專家。他強調外在世界並未完全理解中國政府對待數位革命的態度：「我要這麼說，相對於我們透過玫瑰色鏡頭看待網際網路，以為人人都自由，享有資訊自由和民主等等，中國則抱持相當懷疑的態度。他們認為新科技將有新後果，而我們必須處理這些後果。當中國人談到『網路安全』時，他們不只說科技完整（保護實質系統，如電線，不受損害）或網路犯罪，他們指的也是網路科技可能扮演傷害經濟和社會安定的整個角色。因此，類似網路謠言等東西，我們可能不覺得是網路安全問題，但他們卻很當一回事嚴重看待。

中國有自己版本的谷歌、臉書和推特這類公司，名叫人人網、百度和微博，但它們受到嚴密的監控。新聞檢查的程度視區域而不同；譬如在西藏和新疆，防火牆既高又深。上海大學生使用虛擬私人網路翻牆接觸被禁的外國新聞來源，可能沒事，但在新疆維吾爾人自治區首府烏魯木齊的大學生，就可能被邀請到市政府公安局去討論這項技術。國家機關有辦法追蹤誰使用虛擬私人網路、做了什麼，政府要知道一切內情。儘管知道有些國內公司及外資公司、甚至某些個人，為了生意關係利用此一技術，但通常故作不知。二〇〇九年，維吾爾運動成員利用了臉書，此後這家公司在中國持續遭遇法律麻煩，可以追溯於此。

到了二〇一三年，一連串新創媒體平台發現網路所蘊藏的商機，某家平台變得十分熱門，卻惹火燒身，遭到取締。譬如，二〇一五年八月，新創新聞媒體「端傳媒」（Initium Media）在香港創辦。開台後一星期，天津一家化學工廠發生大爆炸案，端傳媒的記者設法突破安全屏障，發現有一百七十三人死亡，後續又報導工廠主人有高層政界後台。幾天之後，未經公開宣布，端傳媒遭到封殺、不准在中國大陸傳播，公司被迫改變商業模式，致力開拓海外中國人市場——相對而言是很小的市場。

二〇一〇年，中國當局特別緊張，因為智慧手機成了炙手可熱的商品，人手一機，人民有能力每週七天、每天二十四小時快速、方便傳送資訊。克里彌斯指出，領導階層採行若干政策和規定，將社群媒體推向私人範疇。「譬如，它設法讓微博平台變得不受歡迎，微信則大受推廣。為何這麼做？因為微信並非公共平台：如果你和聊天群組分享訊息，它並不會被極大多數人分享，能分享的又很慢。這使得它容易監視——所謂的分而治之。」

中國新的網路安全法在二〇一七年正式通過立法程序，可以譬喻為建立了比以往更高的牆。這項法律號稱要確保「數位主權」，它包括典型的「無所不管」法令，由黨來詮釋一切內容。譬如，如果某家外國公司涉及中國重大的資訊結構，它必須把所有的資訊儲存在位於中國境內的實體資料庫裡。何者構成「重大」，則未清楚界定。政府可以調閱這些資訊，而且若未經情報機關檢查通過，就不得送出中國。外國和本國社群媒體公司必須保留所有使用者的登記資料，並追蹤及記錄他們的上網活動至少六個月，而且要準備好，若是政府要求，就要交出這些資料。法律文字十分寬鬆，因此理論上任何在中國設立辦公室的外國公司，都可以被要求儲存它有關中國境內任何中國人的任何資訊。公司也必須同意，積極協助政府調查其所儲存的資訊。

這一切都很花錢，國內公司寧願把錢花在其他項目上，外國公司則可能抗拒。資訊科技和新興科技公司另外也可能擔心它們的「智慧財產」會有危險，或許決定改到比較友善的商業環境投資。固然理論上這可以騰出空間給國內公司發展，但它們實際上卻因資訊和思想自由流通受限而受到傷害。即使在法律制訂前的二〇一六年，《華盛頓郵報》報導，根據中國美僑商會的調查，五分之四的會員公司因官方對網際網路的法令規定和內容檢查，他們的生意遭遇負面影響。

克里彌斯形容黨就是「終極風險管理公司」，持續不斷搜尋地平線上是否出現任何政治不穩定的蛛絲馬跡。他認為網際網路剛傳入中國時，當局花了好幾年才搞清楚要如何處理它，現在他們很清楚重點要擺在哪裡。「政府發展出來最重要的戰術是，防堵有組織的反對勢力，他們不會允許交叉利益形成。他們相信必須將人民分隔，防止人民因階級、地理或其他種種界線組織起來。傳統的媒體的組織方式使它們受到限制；譬如，鋼鐵業的專業報紙只能報導有關鋼鐵的消息，省報只能報導省內相關消息。因此，即使一個媒體出岔錯，損害也有限。但網際網路卻打亂了這種模式。近代史上第一次，中國個別人民可以接觸到大眾傳播工具，有好幾年時間，網際網路有如脫韁之馬。有些人認為政府慌張了，我倒不覺得，我認為他們很清醒，掌握一切訊息。」

習近平很清楚他因壟斷權力面臨的風險愈來愈大，於是親自領導改革中國的網路政策，下令制訂政策的小組直接向他負責。習近平認為，傳播無遠弗屆是潛在的威脅，因此新聞檢查要從上開始。

習近平是中國第一個上台當家時就很清楚網際網路潛力的領導人。從二〇一三年掌權以來，他都親自督管中國對內及對外一切的網路策略。所有涉及網路業務的政府機關全都直接向他領導的小組報告。他運用這個權力，不僅設計政策，也協助創造「個人崇拜」。黨已經通過賦予他「核心領導人」的頭銜，使他躋身只有毛澤東和鄧小平的神殿，意味著幾近絕對權力的地位。這位核心領導人的臉孔現在出現在中國每個角落，從大招牌上、辦公室中、各地觀光客商鋪販售的數百萬商品上，從北京到上海、到萬里長城，一直瞪著你。

二〇一七年底中國共產黨十九屆全國代表大會上，習近平的權力更加鞏固。他確保他的支持者當選為中央政治局委員，這些人現在回過頭來推動「習近平有中國特色的新時代思想」的概念。這是毛澤東以來第一次一個領導人的主張被推升為「思想」，按照中國政治詞語，這是最高的地位。

然而，中國能通英語的少數人，和多數不懂英文的人之間，也存在數位落差。在百度搜尋欄用德文鍵入「天安門廣場、暴動、坦克」，或許可能得到德文連結到一九八九年事件。如果用中文鍵入同樣字詞，你可能看到「根據相關法律、規定和政策，某些結果無法顯示」，或者幸運的話，你會看到一張吸引全世界觀光客的這個景點的照片。

中國傳媒項目（China Media Project）共同主任大衛・班杜爾斯基（David Bandurski）指出，中國「國家互聯網信息辦公室」最近出現一個新字詞——「正能量」。他認為這是隱喻當局能接受的內容，但是一些中國學者「關切可能會以推動『正能量』為飾詞，鎮壓『右派』」。直到二〇一六年，魯煒一直擔任國家互聯網信息辦公室主任，他非常了解資訊的力量。魯煒原來在新華社任職，一路擢升，然後調掌國家互聯網信息辦公室主任。後來他晉升為中共中央宣傳部副部長，換言之，他是控制全國所有媒體的副首長。魯煒仿效鄧小平說的「具有中國特色的社會主義」，提出「具有中國特色的網路治理」。魯煒又說，中國「非常歡迎外在世界，但是我可以選擇誰到我家作客。」

網路新聞檢查的確限制了中國的經濟潛力。中國仍然是全世界電子商務的領袖，它的線上零售金額約占全球總額的百分之四十，但是網站上的零售和創新是兩件截然不同的事。中國不僅希望創造更大的國內市場，也希望製造高檔商品和開發尖端科技。它很清楚，雖然 iPhone 在中國製造，但它們的設計和技術卻來自遙遠的矽谷。

政府認為目前還值得付出這個代價；這是平衡動作、與時間賽跑的一部分。共產黨需要確保它能餵飽十四億人民，替他們找到就業機會，找些東西讓他們做，也要找到市場銷售這些東西。與此同時，共產黨相信它必須粉碎任何有組織的反對之可能性，不論他們是愛好民主的學生、爭取獨立的西藏人、法輪功學員，或甚至是藝術界的表達自由。即使壓制資訊自由流通而必須犧牲經濟奇蹟，也非做不可。

秦始皇在他自信有能力控制住戰國七雄之後，才開始拆除內部高牆。兩千多年之後，領導人的權力、以及漢族和國家的統一，仍然是第一優先——即使必須透過數位長城讓中國和世界其他地區隔離，而且造成本身的分歧。

第二章
美國

「告訴我哪裡有一道五十英尺的牆，我就告訴你哪裡可以找到五十一英尺高的樓梯。」

——珍娜．拿波里塔諾（Janet Napolitano），美國前任國土安全部部長

唐納．川普當選美國第四十五任總統的翌日，著名的新保守派評論家安妮．考爾特（Ann Coulter）發表一篇文章，大談川普所精心規畫就任後頭一百天優先施政計畫。她寫道：「第一天：開始興建圍牆」，然後「第二天：繼續興建圍牆」；「第三天：繼續興建圍牆」，「第四天：繼續興建圍牆」。如此一路重複，直到「第一百天：向美國人民報告興建圍牆的進度。繼續興建圍牆。」這篇傲慢的新聞寫作作品為她賺了稿費、繳房屋貸款，但考爾特小姐不可能愚蠢到相信會有這種事發生。當然，這種事也沒發生。

一連好幾個月，川普一再保證要在美墨邊界興建圍牆，以遏止非法移民進入美國。雖然看起來他

絕大部分是「請教自己的精靈」（借用法國人評季斯卡總統（Giscard d'Estaing）的話），即使他在進入白宮之前已經獲悉興建圍牆的費用、政治上的反對聲浪，以及同樣重要的，興建圍牆所需的地形等阻力極大。有關「興建圍牆、一道偉大的美麗高牆」的演講，頗能打動他的核心支持者，但要據以興建巨大的工程，卻是很差勁的理由，他腦袋裡的計畫很快就碰上現實的牆——以及華府的流沙。

川普剛當選幾週，林西．葛萊漢（Lindsey Graham）等保守派共和黨參議員就急忙想從政治流沙中脫身。葛萊漢先生是國會山莊最聰明的政客之一，開始談起「圍牆」這個字眼是「改善邊境安全的代號密碼」，彷彿總統發表的演說猶如當年英國廣播公司電台向法國反抗軍祕密廣播一般——「這是倫敦！珍妮長了長鬍鬚。」

圍牆當然不是什麼代號密碼；川普甚至已經挑明講，他要蓋的圍牆是預鑄混凝土牆板，平均高度三十英尺。然而，假設這只是個極具效果的文字遊戲，共和黨倒是可以藉此執行，不會產生太大傷害。川普總統順勢簽署一兆一千億美元的預算法案，供政府在剩下的財政年度內運用，但圍牆興建預算的保留款是零。

這或許是全世界最著名的一道尚不存在的牆。即使還未興建，也是一個強大的象徵，讓我們看到分歧在過去是如何驅動、以及將來會如何驅動美國的文化與政治力量。

缺乏經費也阻止不了川普總統的決心。美國海關暨邊境保護局（US Customsand Border Protection

Agency）招標興建川普的圍牆，並明訂此一障礙物必須堅固到足以承受「大錘、汽車千斤頂、鋤頭……丙烷或丁烷或其他類似手持工具」長達四小時的破壞。其他規定還有，必須「高度達到雄偉標準」，以及「無法攀爬」。兩百多家廠商的提案很有意思，發揮了許多創意。

來自加利福尼亞州的羅德・哈德良（Rod Hadrian）的提案中，炫耀光是他的姓氏就足以遏阻外國人闖關的企圖。另一家匹茲堡克萊頓工業公司（Clayton Industries）則說，對於這道牆他們有完美方案——在墨西哥邊境那頭興建鏈狀柵欄，在美國這頭興建圍牆，接著在中間挖一道壕溝、填入核廢料。伊利諾州克萊倫斯市的危機處理安全服務公司（Crisis Resolution Security Services）提出類似中國萬里長城的設計，在兩道二十六英尺高的鋼筋水泥牆中間，搭配砲塔和鋸齒狀的高牆，填土闢出三十英尺寬的堤道，供人步行，一如中國的萬里長城；但公司創辦人麥可・哈里（Michael Hari）認為或許也可以規劃在牆上騎自行車，轉型為觀光景點。警界退休的哈里聲稱他對試圖非法入境美國的人相當同情，是基於愛國理由才提出競圖。他告訴《芝加哥論壇報》（*Chicago Tribune*）：「我們看待這道牆的意義不只是防堵移民的實體障礙，也象徵美國決心保衛我們的文化、語文和傳統，抵禦任何外來者。」

這就是問題的核心。圍牆或多或少有阻絕非法偷渡客的功能，儘管這個特定的邊境障礙物是道極具爭議的圍牆，但是它還有別的作用——讓「希望拿出對策」的民眾覺得政府有在做事。夏威夷大學教授李斯・瓊斯（Dr. Reece Jones）寫過一本名為《暴力的邊界》（*Violent Borders*）的書。他寫道：「圍牆罕能奏效，但它們是對認定的問題採取行動的強大象徵。」中國的萬里長城目的是區隔文明世界和化外夷狄；川普的圍牆則是為了分隔美國人和非美國人。美國的國家概念是團結美國人——而現在，在某些人看來，川普的圍牆正代表著維護和尊崇的概念。它擁護「讓美國再度偉大」的思想，也象徵對「美國優先」概念的支持。

每個國家都有分歧。開國先賢深諳這點，因此試圖建立在上帝之下人人平等的國家。開國初期的瑕疵眾所周知，尤其是蓄奴制度，但是經歷一段災難歷史之後，美國在憲政和法律層次上已經成為自由國家，保護其公民的權利和平等，並且努力打破國內分歧。就這點而言，是個了不起的成績：法律之前人人平等是達成各方面平等的強大基礎。

美國有一個理想是所有美國公民都被界定為美國人，美國是以共同價值結合的民族，不問種族、宗教或族裔背景。美國國璽上那隻老鷹的鳥喙上有句格言：「合眾為一」（Epluribusunum）相較於世界上絕大多數國家，美國已經達成一部分的成功，把來自世界各地的人民融合成為一個民族。譬如，在黎巴嫩或敘利亞，國家認同意識遠遠落後在族裔、宗教或部落認同意識之後。儘管遙遙領先世界其他國家，如今不必太認真盯著這個「山上閃亮的城市」，就可以看到它的某些部分已經失去光澤，而且有些部分已經生鏽。

每道圍牆都有自己的故事。沙烏地阿拉伯沿著伊拉克邊境所興建的屏障有其功能，而且起了作用。這道屏障並不代表沙烏地人對另一端的「其他人」存疑。因為邊界對面的「其他人」絕大多數與王國內的人民具有相同的宗教、語言和文化，但美國則不同。這些「其他人」正在進入美國，而美國深怕這些「其他人」將會稀釋掉公認的「美國」文化，這才使得支持者認為圍牆的興建至關重要。在反對圍牆的人士看來，圍牆違背美國對自由、平等，以及接納所有人的價值觀。圍牆的爭議則觸及辯論的核心：誰來定義未來世紀的「美國人」。

根據美國聯邦人口普查局的調查，二〇一五年德克薩斯州人口為二千七百五十萬人，其中百分之三十八・八為西班牙語裔。超脫黨派的智庫皮優研究中心（Pew Research Center）的研究也指出，二〇一四年德州有四百五十萬名移民，半數以上為西班牙語裔，美南地區的其餘各州也出現此一趨勢。從亞利桑那州的鳳凰城往南，經過平坦的沙漠地帶，往約一百八十英里外的美墨邊界行去：愈往南走，就會聽到愈多人講西班牙語，西班牙式生活也愈普遍。隨著這個趨勢發展，在未來幾十年內，某些州很可能將賦予西班牙語文等同英文的法定地位，成為學校和政府系統內的官方語文。儘管美國在聯邦層次並沒有訂定官方語文，但目前全美五十個州已經有三十個州將英文明訂為官方語文。不過，包括德州和新墨西哥州在內，已經有好幾個州的政府文件兼採英文和西班牙文。隨著時間推進，更多州跟進的情況將不可避免。當西班牙語文和文化變得愈來愈占優勢，某些地區甚至可能會開始有脫離聯邦制度、擴大自主權的主張。這或許還需要幾十年才有可能發生，卻是非常真實的可能；歷史充滿先例，民族國家就是這樣演化而成的。

因此有些美國選民關切的是，一旦隨著人口變化，美國將不再是個白人占多數、說英語的國家；這也正是驅動美國當前政治的一個重大議題。川普當選總統，本土主義發展似乎達到頂峰；興建鋼筋水泥牆將成為美國歷史上一個特殊時期的象徵。但是，我們要了解很重要的一點是，美墨邊界長期以來迭生糾紛。目前的邊界是依據美墨戰爭結束後、於一八四八年簽訂的瓜達魯佩．海達戈條約（Treaty of Guadalupe Hidalgo）。在此一條約之前的美墨邊界線可大不相同。

一八〇三年路易西安那購地案（Louisiana Purchase），把流入重要港口紐奧良（New Orleans）的密西西比河流域併入美國之後，美墨確切邊界線為何就成了國家安全的重要議題。當時的西班牙控制德克薩斯以做為「新西班牙」的屬地讓美國人憂心忡忡，因為這代表一個具有潛在敵意的軍事力量可以近距離威脅到紐奧良。為了取得該區控制權，美國人主張德克薩斯屬於路易西安那購地案的一部分，但西班牙不同意，但儘管如此，打從一開始，西班牙就處於下風。根據西班牙在一七九三年所做的人口統計顯示，當時德克薩斯非原住民的美國拓墾者不到五千人。西班牙遠在千里之外，歐洲連年戰爭又導致國力式微，但美國與德克薩斯近在咫尺，而且還有擴張野心。

一八一九年，經過冗長談判，美西兩國達成協議，佛羅里達歸屬美國，西班牙則繼續控制德克薩斯，美國放棄對其一切權利主張。可是，到了一八二一年，墨西哥脫離西班牙獨立，並主張德克薩斯是它的領土。當時墨西哥人人口數遠遠不及原住民，對獨立霸業最大的威脅是科曼奇族（Comanchenation），因此墨西哥獨立之後第一優先政策是增加德克薩斯人口，以利鞏固控制——但是這個政策卻招致適得其反的後果。

墨西哥政府以為，引入美國人口可以做為科曼奇族人和墨西哥拓墾者之間的緩衝，這些美國人很容易被吸納成為墨西哥人口，因此提出各種獎勵措施，吸引來自美國和墨西哥的移民前往開墾。並祭出新來者住滿三年即可取得墨西哥公民權的優惠。不料，新移民卻拒絕融入某部分的墨西哥文化，情況並不如政府所預期，而宗教信仰和奴隸制度就是兩大障礙。

來到德克薩斯的美國人絕大多數是新教徒，有些人甚至非常虔誠。他們不打算擁抱天主教，但墨西哥卻堅持以天主教為本地區唯一宗教。許多美國拓墾者也是擁有奴隸的人，但墨西哥支持廢奴，並在一八二九年正式頒令禁止蓄奴。當墨西哥發覺問題後，便試圖限制移民，可是人們仍持續非法遷入，到了一八三四年，移入人數竟然大幅超過來自墨西哥的拓墾者，呈現近十比一的比例。不同族裔間的敵意日益升高，這也恰好迎合華府當局的心意，華府鼓勵移民起義反抗墨西哥的統治，德克薩斯在一八三六年宣布成立共和國，旋即試圖加入美國聯邦。但是一連好多年，華府都拒絕這樣的請求，原因有二，第一，紐奧良和墨西哥之間已經建立實質的緩衝區，美方不認為值得為此冒犯墨西哥。第二，美國國內為奴隸制度吵翻天，而德克薩斯擁護蓄奴。儘管如此，華府在一八四五年還是准許德克薩斯加入聯邦，成為第二十八個州，這時美國南方邊界推進到格蘭德河（Rio Grande）。

美國此時又向西部推進，而引爆美墨戰爭。一八四六年，沿著格蘭德河的小衝突點燃導火線。戰爭持續到一八四八年，終戰時墨西哥被迫簽訂瓜達魯佩．海達戈條約，丟掉約三分之一領土，包括將近全部的今天新墨西哥、亞利桑納、內華達、猶他和加利福尼亞。從此垂為定制。墨西哥弱小、美國強大，但這種態勢未必不會改變。邊界曾經改變，以後也可能再改變。美國人明白這一點：他們長久以來已經沿著南部邊界建立圍牆，而這並不只是共和黨的特色。

一八四八年美墨戰爭結束後，經過六年的勘界，確立了兩國之間的邊界，但一開始只用五十二個界碑界定兩千英里長的邊界。總的來說，這個鬆散的邊界只有偶爾受到遵守。到了禁酒時期（Prohibition, 1923-33），從墨西哥走私進口烈酒情況嚴重，為了解決這個問題，美國在一九二四年成立聯邦邊境巡邏局（US Border Patrol Agency）。一年之後，德州艾爾帕索（El Paso）就被鼓勵興建「馬匹那麼高、阻絕私酒販子的刺絲網」。當然，這從來未能完全遏止非法烈酒跨過邊界——畢竟走私烈酒利潤可觀。隨著時間推進，禁酒令取消，但是非法商品跨越邊境的走私活動卻未曾停歇。開始有愈來愈多美國人吸食毒品，毒品因而取代烈酒成為主要走私品，愈來愈大量的大麻、海洛因和古柯鹼因癮君子的需求而越界，同時有愈來愈多人北上尋找工作機會。

移民從墨西哥流入美國的情況，在經濟大蕭條時期出現一個特殊的轉折點。由於美國舉國陷入嚴重的經濟問題，移民搶走美國人的就業機會，便成為一個重大議題，墨西哥人尤其成為箭靶——墨西哥人大遣返（Mexican Repatriation）中，約有五十萬至兩百萬人被遞解出境，送至墨西哥，其中不乏在美國出生的公民。但等到美國加入第二次世界大戰，又改變策略；大多數美國勞動力被吸納進入戰時經濟，從一九四二年起，美國國內協同一致地努力要吸引工人，尤其是農業工人，以便服務景氣一片旺盛的戰後美國，這個趨勢一直持續到一九六〇年代中期。

之後由於經濟轉壞，移民又大增，調整移民政策的聲音又被喚醒，政府對移民的政策轉變，障礙開始又大幅升高。一九七八年，美國移民局（Immigration and Naturalization Service）公開招標，要在德克薩斯州興建兩座十二英尺高、附有刺絲網的高牆工程。休士頓一家承包商向移民局保證他們的設計：「由於他們提供的刺絲網十分尖銳，若有任何人想攀爬，足以切斷他們的腳趾。」美國當時已經增加興建圍牆，但是這個特殊的聲明卻引發全國的注意與憤怒，批評者把這項計畫稱為「玉米餅屏幕」（Tortilla Curtain）。這個議題已涉及全民良知，這個事件也進一步助於提升民眾的覺醒——而且一直上升至今。

即使不再宣傳切斷手指、腳趾，但興建圍牆的進度仍馬不停蹄，而移民的水準並未明顯降低。一九八六年，雷根總統頒布大赦，一九八二年以前在美國居住約三百萬名非法移民獲得大赦。而大赦的交換條件是國會通過更嚴苛的規定，防堵企業雇用非法移民，並且收緊邊境安全警備。

接下來幾年，美國繼續蓋障礙物，不過因為預算有限，有時也使用越戰剩餘下來的材料，譬如供飛機臨時起降用的穿孔鋼板。南加州興建的一片圍牆需使用數萬張這種金屬鋼板，但為了節省經費，它們是水平立起、而非垂直立起，用以涵蓋更大片面積，這種障礙物當然比較低矮，而且因為鐵板呈波浪狀，任何人若想攀爬，也可找到一些支撐點。不論蓋了那一種圍籬，人們輕而易舉就能克服它們。邊境巡邏官員開始認為，種種障礙物只是降低人們進入美國的速度，讓巡邏員更容易逮捕他們，不該做為制止偷渡的方法。

二十一世紀初，小布希接任總統，在九一一恐怖攻擊事件後，美國政府發動全面邊境築牆計畫，沿著大部分邊界實施前所未見的隔離。國會通過〈安全圍籬法〉，同意加蓋七百英里圍籬——投票支持的聯邦參議員包括希拉蕊．柯林頓和巴拉克．歐巴馬；然而即使有了這些增建，也獲得兩黨一致支持，根據邊境巡邏局發言人麥克．施席歐里（Mike Scioli）在二〇〇八年的說法，這些圍籬只不過是「沙漠中的減速隆起」。

歐巴馬入主白宮時，美國已有六百多英里長的障礙物，而他任內繼續興建——不但延伸圍籬，有些地區還興建兩層、甚至三層。在他任期內，相對於小布希時期，也大幅強化驅逐非法移民的作為。這應該不算出乎意料之外，因為二〇〇六年四月他在參議員任內就曾於院會表示，移民制度已經「敗壞」，造成「非法移民潮」湧入美國：

美國人是很好客、大方的民族，但非法進入我們國家的人和雇用他們的人不尊重法治。由於我們生活在恐怖份子挑戰邊境的時代，我們不能容許人們在不被察覺、缺乏文件、未經檢查下就湧進美國。美國人要求改進邊境安全和改進移民法律的執行是對的……在雇用任何移民工之前，工作機會必須在合理的工資和福利下先給美國人。

歐巴馬採取軟性的語調，主張允許無證移民走出陰影，「走上全面參與我們社會的路……不只是基於人道理由；不只是因為這些人有最好的動機，試圖提供子女更好的生活，而破壞法律；也因為這是唯一務實的作法，讓我們能夠處理目前已經在國境之內的人口問題。」這是處理這個問題的務實方法，承認涉及到查出、並將已在美國生活的非法移民遞解出境，以及騰出空間准許他們居留的困難，同時也接受非法移民是個問題，是必須採取措施制止「洪水」。

然而，歐巴馬及之前歷任總統沿著邊界興建障礙物，成功阻止移民潮，是有疑問的。非法移民的人數的確從二〇〇七年的一千二百四十萬人，下降到二〇一一年的一千一百一十萬人。但我們很難確切說清楚，有多大比例是圍牆之功或增加遞解出境之功，或是經濟環境變化所造成的。

有一部分問題出在美國仍然有許多機會——不只是尋找工作的人有機會，居心不良的雇主想壓榨勞工也有機會。我們在其中面臨了支持反移民論述背後的偽善。美國有無數的大小企業雇用大量非法移民，付他們很少的工資、不給他們法定權利，並窩藏他們不致被當局逮到。政府可以取締許多美國經營團隊，他們知情地雇用非法移民。至於這個動作在依賴廉價勞力的營造包工業和蔬果採收業是否能獲得支持，那又是另一個問題。

最後，無法被突破的障礙物極少。人們足智多謀，急切的人會想方設法從上面攀爬過去，或從底下挖地道潛伏進去。廣建障礙物只會把有心偷渡的非法移民推往沒有守衛、荒無人煙的地區。這些地區大多在沙漠，通常必須靠步行穿越。換言之，數以千計的人因企圖進入應許的樂土而喪生。

這裡有個很諷刺的現象，建築圍籬看起來或許可以解決問題，制止人們偷渡進來，但同時也阻止了他們離去。實際上許多人是拿觀光簽證合法入境美國。在現今這個年代，超過半數以上的人從南方北上入境後，就滯留此地；一旦他們變成「非法」居留，一道運作正常的牆反而使他們難以歸鄉。假設你在鳳凰城非法打工，即使發展不順利，也得打消歸鄉念頭，因為一出境就可能被逮捕。

整個情勢還有一點很諷刺，那就是墨西哥本身也有嚴格的移民法，每年遞解出境的人數比美國還多。它的移民政策具有種族歧視色彩，以一九七四年的「一般人口法」（General Law of Population）為基礎，如果當局認定准許入境將破壞「國家人口的均衡」，此法便賦予執法者把入境墨西哥的人拒於門外的權力。美國的法律的確對外國人很嚴峻，但墨西哥的法律也不遑多讓。譬如，在墨西哥若因無證居留被逮到第二次，可能被判處十年有期徒刑。美國的共和黨政客很喜歡拿這些法律和墨西哥政客開玩笑。他們說，北美自由貿易協定三個會員國的移民法並無二致，全都師法自墨西哥移民法。

美國的移民政策也受到恐怖主義事件在美國及西方世界日益猖獗的影響。川普提出比前任更嚴厲的移民立場，祭出旅行禁令、興建高牆的計畫，並決心加強遞解出境和遏阻非法入境。這些作法是否有效仍有辯論空間，特別是興建邊界高牆這一招。首先，並沒有證據顯示恐怖份子越過美墨邊界進入美國——國土安全部發布多次聲明，反駁威脅來自邊界之南的說法；譬如，國土安全部在二〇一四年說：「沒有可信的情報指出恐怖組織積極密謀跨越西南邊界。」

至少在公開領域也只有極有限的情報顯示，允許移民進入美國會構成相當的威脅。華府自由意志派智庫卡托研究中心（CatoInstitute）移民問題專家亞力克斯．瑙拉斯特（Alex Nowrasteh），其研究上溯四十年前發生在美國境內的恐怖攻擊；他的結論是，這段時期有三百二十五萬名難民獲准進入美國，只有二十個人因在美國領土企圖或犯下恐怖主義罪行而被定罪，並且「只有三個美國人在難民犯下的攻擊事件喪生——而且全是一九七〇年代死於古巴難民之手」。事實上，九一一事件以來，涉及到恐怖攻擊事件的罪犯有百分之八十以上是美國公民或合法居民。

比爾．柯林頓指出，邪惡思想的傳播無法靠著蓋高牆來遏止，並舉二〇一五年發生在加州聖柏納迪諾市的恐怖攻擊事件為例。這起事件造成十四死、二十二傷。兇手賽義德．里茲旺．法魯克（Syed Rizwan Farook）和塔希芬．馬里克（Tashfeen Malik）夫婦都是透過社群媒體改信激進的伊斯蘭——法魯克出生於美國，馬里克是合法的永久居民。柯林頓評論道：「你也可以在加拿大邊界興建高牆。沿著大西洋和太平洋興建高大的海上大牆……我們可以派出整個美國海軍艦隊到墨西哥灣、阻止任何人進入那裡。我們可以派出整個美國空軍軍機升空、阻止他國飛機降落。但還是無法阻擋社群媒體。」他說得一點都沒錯，但川普總統絲毫不為前任總統的建言所動。他主張社群媒體很難監管，或是恐怖份子不從美墨邊境偷渡進入美國，都沒有比興建實體高牆的主意更動聽。

非法商品也持續穿越邊界，而且是雙向交流。在墨西哥製作的毒品進入美國後，能以成本好幾倍的價碼出售，因為數以百萬計的美國人願意付高價購買毒品。反之，在美國合法購買的槍械，到了墨西哥也可以好幾倍的價差出售。然而，證據顯示，障礙物對阻撓走私生意起不了作用。事實上，通過官方檢查哨的毒品遠比穿過沙漠走私的數量更大——毒梟花錢收買不肖官員，比穿越有人巡防的邊境或是挖地道要划算得多。這正是為何幫派頭子彼此爭奪控制邊界城鎮的原因。只要控制一座城鎮，就能接觸到官員。從事槍械和毒品走私的幫派通常是冷血殺手，但他們同時也是精明的生意人。

美墨兩國合作解決這個問題才是明智之舉，除了控制人員和非法商品及物資的流通，也要鼓勵邊界地區的貿易交流和經濟繁榮。就語文、膚色、宗教、氣候和歷史而言，墨西哥和美國非常不同，但是透過經濟交流，雙方關係將愈來愈緊密。若有人不惜代價以海陸空三度空間、甚至挖掘地道的方式突破障礙物，動機純粹都是出於利益。把不受歡迎的非法移民拒於門外有方法萬端，但有一招一定奏效：帶動格蘭德河南方的經濟活潑繁榮，將比興建高牆更能防堵非法移民湧入，屆時想偷渡尋找就業機會的人肯定也會大幅減少。

以該地區的汽車製造業為例。此區已經成為「德—墨汽車業超級聚落區」（Texas- Mexico Automotive Super Cluster Region）。在德州和墨西哥鄰近邊境的四個省份，現有二十七家汽車組裝廠，彼此依賴生產完成品。它們攜手合作，成功地在跨越兩國邊界的本地區建立產業聚落，創造就業機會、鼓勵創新，並且提振本地經濟。確保類似這樣的合作模式能夠持續下去，這完全符合美墨兩國最佳利益。

話雖如此，川普出任總統的頭一年，美國持續緩慢地內縮，片面破壞多邊貿易協定，推動北美自由貿易協定的重新談判，讓外界質疑美國對於北約組織的承諾。這些動作明智與否可以透過辯論了解，但有一點殆無疑義：只有美國能夠這樣做，因為美國大約占全世界經濟產值的百分之二十二。更重要的一點，它可以利用出口緊縮拉起吊橋。根據世界銀行統計，美國的出口只占國內生產毛額百分之十四，其中百分之四十輸出到鄰國墨西哥和加拿大。即使全球貿易戰爭將使美國付出代價，但它也是全世界唯一可以消化代價，並從全球化中撤退、短期內不會對國內造成嚴重危害的大國。

然而，歷史告訴我們，孤立主義長期下來對於美國是有害的，不論現在是否看似沉入水面，總會有再浮出的一天，而且未必是有備而來。孤立主義的正反論述辯論是美國國內論戰之一，每當這個偉大的共和國內部出現分歧時就會冒出來。

那麼，川普提倡的又大又美麗的高牆興建得起來嗎？

「槍械、毒品、非法移民」——這些都是政治對話中相當容易激化情緒的議題，而人們希望能夠解決這些問題，因此即使已經進入白宮，川普總統仍然不改其氣燄囂張，告訴全國步槍協會（National Rifle Association）：「我們會蓋圍牆。別多想，這件事很簡單。」他也向支持者保證：「如果我們必須關掉政府才能興建圍牆，我們也義無反顧。」

川普或許沒聽過一句英國舊諺語：「空口承諾或阿諛奉承都成就不了大事。」但在這裡確實適用。姑且不論選前和選後種種說詞，川普興建高牆的概念碰上了已被提出的警告，也是歷任總統在邊境控制上遇上的問題：政治、預算、州的法律、聯邦法律、自然環境和國際條約等。譬如，墨西哥和美國各持一份他們在一九七〇年簽署的文件，嚴正宣示維持格蘭德河的疏洪道平原通暢。歐巴馬總統執意興建圍籬，但是條約的規定迫使圍籬必須大幅退入到美國境內，興建的時候必須留出巨大空隙，允許美國人進出家門。這種設計上的缺陷立刻被想方設法要非法深入自由樂土的拉丁美洲人看到破綻。

民間百姓擁有南部邊境約三分之二土地。許多人並不希望自家後院有一堵巨大的鋼筋水泥牆，自然會採取法律行動阻止興建。如果政府要收購這些土地，就必須支付「合理的補償金」給地主，而決定何謂「合理的補償金」，可能曠日費時。原住民部落也已經有人發起法律訴訟。譬如，托賀諾歐俄漢印第安人（Tohono O'odhamnation）擁有的土地跨越美墨兩國邊界，就告到法院試圖阻止土地被分割。

地貌本身也是障礙之一。美墨邊境從太平洋延伸兩千英里、直抵墨西哥灣，經過加州、亞利桑那州、新墨西哥州到德州。最多只能沿著其中一千英里興建高牆，其餘地帶，陡峭的地形、基岩和河水等天然障礙物，一路阻礙工事進行。

即使如此，這項計畫涉及的經費預算極其龐大，超過我們大多數人能夠想像。任何人都可以隨便挑個數字，再加添一點，因為根本沒有人真正確知興建這道牆要花多少錢——大家只曉得「要花很多錢」。川普估計需要一百億至一百二十億美元經費，但是大多數消息人士猜測數字還要高出許多。麻省理工學院提出一份估計（相當粗略的概算大約材料成本、勞工，以及相當不確定的時間進度），認為一千英里長、三十英尺高的鋼筋水泥圍牆，費用約在兩百七十億至四百億美元之間。其他猜測包括有兩百五十億美元和兩百一十億美元，後者來自國土安全部。這仍然是令人咋舌的天文數字，若想推銷這個構想，或許可說每一英里只要兩千一百萬美元……但這些數字都沒有計入維修費用。即使如此，許多人還是沒被驚人的費用嚇倒——因為川普宣稱興建高牆的成本將由墨西哥支付，這個說法受到他的支持者熱切歡迎，但是要推銷給南方鄰國豈是如此簡單？墨西哥前任總統文森特·福克斯·蓋薩達（Vincent Fox Quesada）宣稱：「墨西哥才不會為那ＸＸＸ的圍牆付錢。」

另一個比較實惠的方法，就是接受葛萊漢參議員保留顏面的說法，改稱「圍籬」這個字眼指的是「增進安全」。畢竟，邊界圍籬本來就是要達成這個目的。相較於其他措施，這具有相當的成本效益，對於認為需要實體障礙物才能得到安全感的若干選民，這也具有滿足他們需求的心理效用。故作姿態的政治演出與有效方案間的選擇，政客並不陌生。但是迄今為止，川普仍然堅稱民眾要的是一道牆，他們也一定可以得到這道牆。儘管二〇一八年初，試建了幾種牆的原型，但國會反對撥款興建的力道卻未曾減弱。

興建圍牆的阻力非常大。法律訴訟是概念上的路障，坦白說有時還可以躲閃過去；但鑒於還有其他實質障礙阻擋圍牆真正動工，真的值得發動法律戰嗎？如果圍牆是一種政治宣示，那麼就支持者而言，答案當然是yes，它將壓過地形構成的障礙。愈是具體，訊息就愈強烈，核心支持也會擴大。只要移民人數降低（這不無可能發生，因為還有其他種種安全措施和經濟因素），圍牆存在空隙這件事就會被許多選民所忽略；它仍會被稱頌為阻止外國人進入美國和保護美國價值的重大政策。牆是使人安心的實體象徵——有時象徵比實際更重要。

過去幾任美國總統也曾經加強美墨邊境防務，但是川普的圍牆特別具有分裂意涵，因為它代表的是美國歷史一個特殊的時刻。興建高牆的政治意涵不只是要擋住墨西哥人、不讓他們進來。邊境界定一個國家，川普的牆試圖界定美國在實質上和意識形態上是什麼樣的國家。要了解它如何反映及深化歷史分歧，我們需要檢視使國家分歧的其他裂縫。

美國所有的分歧中，最廣泛的分歧是種族歧異。美國人口約為三億二千四百萬人。根據中央情報局《世界概況》（*World Factbook*），以二〇一〇年人口普查為準，其中百分之七二．四為白人，百分之十二．六為黑人，百分之四．八為亞洲裔，只有不到百分之一是美洲印第安人和阿拉斯加原住民。「兩個以上種族的人口」占百分之二．九，夏威夷原住民及其他太平洋島民只有百分之〇．二，「其他」則為百分之六．二。大家一定注意到這裡竟然沒有人數一直增長的西班牙語裔，這是因為美國聯邦人口普查局認為，西班牙語裔指的是具有西班牙人／西班牙語／或拉丁人血統的人，他「可能歸屬於任何人種或族裔團體」。這個複雜不同的團體是美國最大的少數民族，占全美人口大約百分之十七。

在二十一世紀這個數字還會持續增長。我們已經看到，白人占半數以上人口的比例，在這個極力掙扎要全面融合的國家裡正在消退，尤其是南方各州。人口估計的數字各異，但是絕大多數專家都認為，白人占半數以上的情形在幾十年內即將不復存在。包括西班牙語裔在內，非白人目前約占全美國人口百分之四十，預測這個比例到了二〇五〇年將上升為百分之五十三，而西班牙語裔為百分之二十九左右，因此將會是未來三十年增長最為快速的族裔。對於那些認為此一趨勢足堪憂慮的人而言，興建高牆和可能制止移民潮是遏止這種人口變化的希望所在，儘管實際上它扭轉不了多大情勢。

然而，反移民的論調，往往又伴隨著支持興建高牆，在美國人民之中製造更大的緊張。外來移民通常被貼上負面標籤，川普把他們稱作「壞蛋」：「當墨西哥送人出來時，他們不會送出最優秀的人……他們送出有許多問題的人，他們把這些問題帶給我們。他們帶來毒品和犯罪，他們是強暴犯。不過，我猜有些人是好人。」這類型的言論造成過去十年來對拉丁裔的歧視大幅上升。譬如，二〇一六年的皮優研究調查，發現百分之五十二的西班牙語裔宣稱他們因為族裔關係，受到不公平待遇；在十八至二十九歲這一群組中，數字更攀升到百分之六十五。有趣的是，同樣數字也發生在黑人相同年齡群組中，但就整體西班牙語裔而言，比起黑人，說他們遭遇種族歧視的人數少了很多。

毫無疑問，種族平等上已有長足的進步，每天有數千萬不同膚色的美國人，快樂地共存、交往、共餐、工作和玩樂在一起。不過，種族歧視仍是全國各地的主要問題。

雖然快速增長的西班牙語裔肯定受到歧視，但美國最明顯的種族分歧卻出現在白人和黑人之間。這個問題源自於蓄奴時期，一直持續到今天。它對人們生活的負面效應非常清晰：幾乎從所有的指標來看，在美國生而為黑人，注定比生而為白人要更加貧窮、受更少教育、也比較不健康。當然這並非普世真理：富裕的黑人、中產階級和市郊家庭，很可能比貧窮的白人農村家庭子弟有更多的機會。布魯金斯研究院有一項研究說，不論你是白人、黑人或西班牙語裔出身，如果你出身貧窮家庭，即使有大學學歷，你下半輩子的所得還是低於來自富裕家庭的人。

話雖如此，這幾乎是個定律，在人生的樂透中，如果你是黑人，勝率不高。到目前為止還是很清楚，歷史上和當今的種族歧視，在族裔團體令人驚訝的差異還是個主要因素。在生命一開始時，可能就是如此。全世界最富有的國家當中，白人的嬰兒夭折率是千分之四・八，但是黑人就高達千分之十一・七——大約相當於墨西哥這樣的中等國家。

健康不如人、財富不如人、前景不如人，全都造成教育程度不如人，這點早在兩歲時就很明顯。根據經濟合作發展組織（OECD）和美國教育部門的統計，在兩歲時，黑人嬰童展現熟諳發展技能的比例就比較低。到了三至五歲時，在閱讀能力方面，這個差距又略為上升；一般認為可能的因素是：黑人家庭相對缺少閱讀材料，父母沒有時間讀點東西給子女聽，以及可能因為某些非白人的特質、對書本缺乏興趣所致。我們從學校系統逐年級往上看，可以發現美國黑人的輟學率或遭開除率是白人學生的三倍。在學生過半數以上是少數民族的學校，老師也往往比較欠缺經驗，薪水也較低。

在這些數字背後通常就是低收入、單親家庭的日常生活實況。百分之二十五的黑人家長表示，他們的子女生活在不安全的街坊，白人家長如此表示的只有百分之七。等到到達畢業年齡時，我們發現美國黑人輟學離開中學的機率是白人學生的兩倍。有一項研究指出，如果把美國白人和黑人高中學生的受教育率，分開來當做兩個不同國家比較，前者相當於英國、後者相當於智利。到了大學層級，百分之三六・二的白人完成學位，反之，黑人只有百分之二二・五。帶著大學學歷進入工作職場，黑人賺的錢比較少。美國黑人入獄坐牢的比例也比較高：黑人占全美人口百分之十四，可是坐牢服刑者百分之三十八為黑人。

由此可見，從搖籃到墳墓，相對於歐洲，美國是個暴力激烈的國家，但如果是黑人，這是一個更加危險的地方。白人人口的謀殺率是每十萬人有二・五人死亡。美國黑人則是十九・四人，相當於許多第三世界或開發中國家。統計數字容或有異，但是根據有線電視新聞網（CNN）的調查，年輕的黑人男性，比白人年輕男子遭到警察射殺死亡的可能性為將近三倍，難怪美國黑人的平均壽命比白人少四歲。由於近年來並未持械的黑人男性遭射殺的人數大增，這些驚人的數字在全美各地引爆動亂和抗議——譬如，二〇一四年的佛格森市（Ferguson）事件——也造成「黑人的命也是命」（Black Lives Matter）運動之興起。官方和社區的反應在每次事件後都受到嚴密檢討，這也成為愈來愈分歧的議題。

凸顯這些問題的數據很容易找到，要說明清楚成因則相當困難，顯然種族歧視仍存在於美國社會。我們不可能不談開端肇因——奴隸制度。奴隸已經獲得解放，但絕大多數被棄置於赤貧狀況，遭遇社會歧視；在這種情況下，他們很難快快達成與主流人民的平等。多久算快？黑奴獲得自由已經超過一百五十年，儘管有許多進步、尤其是過去五十年，但是令人驚訝的是仍有許多不足之處有待改進。

當然，種族不是美國唯一的分歧。譬如，談到宗教，美國有一個強大的優勢就是它是個世俗國家，有各式各樣的民間宗教信仰和禮拜場所。美國人的信仰絕大多數是基督教，底下再分為許多不同的新教徒教派和天主教，但是自從一九六〇年代以來又增加信徒眾多的其他信仰。大約百分之八十的美國人認同自己是基督徒，新教徒最多，約占全國人口百分之四十六・六。其次是天主教徒，占百分之二十・八。接下來是猶太教（百分之一・九）、摩門教（百分之一・六）、穆斯林（百分之〇・九）、佛教（百分之〇・七）、印度教（百分之〇・七），以及眾多其他小教派。

這一切是否已讓美國等同是大熔爐？只到某一程度。儘管有一些刺眼的不一致和偽善的例子，理想的「合眾為一」精神則維持在相當程度上。即使如此，進入本世紀，在多族裔社會之內融合同化的精神受到多元文化主義的挑戰。種族和族裔的分歧進入美國社會的許多裂縫，以致於出現困擾共和國的認同政治。愈來愈多美國人依據他們的族裔、宗教和性別取向認同自己，因此更加極化及分裂國家。不同的族裔都被鼓勵維持明白的認同意識；這個作法沒有導致接受多元化，反而在某些案例上造成某些群體和其餘社會隔離，而在某個程度上，使得他們愈來愈遭到歧視。

我們在二〇一六年總統大選期間看到這個現象。胡馬雲・罕恩（Humayun Kahn）是在伊拉克為國捐軀的美國穆斯林軍人，獲頒勛章。胡馬雲的父親發聲、反對川普禁止穆斯林移民的政見之後，川普批評這對父母。卡濟爾和賈莎拉罕恩（Khizrand Ghazala Kahn）夫婦是美國人通稱的「金星父母」。這個名詞可以上溯到第一次世界大戰時期，美國家庭若有子弟、丈夫在海外作戰，會掛出有藍星的國旗。如果這位家屬不幸殉難，藍星就會換成金星。

這對父母如果是白人基督徒，川普口頭抨擊的口吻就不會如此激烈。在美國政治上，由於家屬為國捐軀，對金星父母通常是不能批評的。川普聲稱他在美國創造許多就業機會，也為國家「犧牲良多」。他暗諷罕恩太太的先生未允許她發言，藉此暗示這是他們的宗教作祟。他根本不管罕恩先生曾經帶著兒子胡馬雲到傑佛遜紀念堂參訪，向他灌輸紀念堂裡的一段文字——「我們相信這些真理是不證自明，即人人生而平等……」候選人川普的評論弦外之音似乎是，這對金星父母和其他金星家庭不一樣。他的訴求的確有一部分美國人也認同——這些人以非常狹隘的方式界定何謂美國人。共和黨籍聯邦參議員約翰・馬侃（John McCain）在越戰期間曾經淪為戰俘，當他批評川普時，說出了其他美國人的心聲。馬侃說：「當我們的黨提名他時，並沒有附贈他不受拘束的許可用以汙衊我們當中的菁英。」

「差異」的概念現在遭到左翼和右翼兩派人士操弄；這種認同政治正加劇美國的分歧。在美國歷史上的這個時刻，雖然藉由立國精神團結在一起，但許多團體仍然相互撕裂，這也可以從政治舞台上愈來愈多的分歧中看出來。

在川普／桑德斯／柯林頓二〇一六年大混戰的前兩年，皮優研究中心進行了歷來最大規模對於美國人政治態度的調查。調查發現人們的觀點愈來愈堅持己見，而且愈來愈不願意接受其他人的意見。譬如，積極參與政治的民主黨人有百分之三十八，自認為是「持續一致的自由派」，比起一九九四年的百分之八，高出太多。同時，有百分之三十三的共和黨人自認為是「持續一致的保守派」，比起二十年前的百分之二十三，也有增加。更令人擔心的是，愈來愈多共和黨人和民主黨人互相蔑視，特別是那些積極參與政治的黨員。一九九四年，百分之十七的共和黨人對民主黨人有「非常」不良的印象，現在卻激升到百分之四十三；反之，民主黨人對共和黨人有「非常」不良印象的，從百分之十六激升到百分之三十八。

這種現象有其地理因素。堅定的民主黨籍選民愈來愈集中在大型都會城市，共和黨人則集中在小城鎮和農村地區。拉斯維加市內華達大學教授普瑞斯東·史多瓦爾（Preston Stovall）撰文提到「城市全球主義者」(urban globalist)和「非城市國家主義者」(non-urbannationalist)。他認為這兩個名詞比「民主黨人」和「共和黨人」更貼切地反映分化的現象。他嘆息非城市的想法「被貶抑為愚蠢無知」，而城市的想法則「被認為是菁英的思想、可是卻道德墮落」。

我很驚訝城市美國人竟然如此輕視農村和農業社區。我不記得何時出現過美國人對農村如此隨意詆毀，被輕易默認或接受……我們必須避免把共和黨選民視為未受教育的種族主義者，而民主黨選民是菁英主義惡人的傾向。

有一點很重要，我們應該記得，這些名詞和統計數字絕大部分涉及積極參與政治者；在意識形態的堡壘和迴音箱之外，一般人都較能接受其他人的意見，也有更大的意願進行折衷妥協。即使如此，愈來愈不能容忍相反意見的趨勢，已導致我們在主流中聽到愈來愈暴戾的言論，也在網路上看到愈來愈尖銳的言論。過去三大電視網晚間新聞快報的寧靜播報，已變成二十四小時政治互鬥的有線新聞頻道，相互叫罵，而在沒有管制的網路上，辱罵對手、取人性命的威脅也成為常態。二十四小時不停的社群媒體平台的崛起，也讓極端份子有了擴聲器，而一般新聞媒體更是強化此一擴聲器的音量，給人一種印象，美國人不斷地互相爭吵廝殺（或者天天發推特），但事實上絕大多數美國人彼此和睦相處。現在，最不能容忍的某些人反而是年輕世代，許多年輕人對現在言論自由的理想相當反感，認為這涉及到他們不能同意其意見的人政治不容忍是被允許的。

美國教育體系內也出現極端主義，一小撮學生在某些教授支持下推動著。大多數老一輩學人的表現愈來愈像被車燈照到的兔子，革命派的子弟反過來對抗那些教導他們如此意識形態偏執的前輩。這在美國形成了汙穢的學術氣氛，強悍者以霸凌姿態咄咄逼人，怯弱的知識份子教授則潰不成軍。這些強悍者對凝聚力構成危險，因為他們的活動十分尖銳，言論與行動又在網路討論中被放大了。

如果愈來愈多學生在離開學校時已經激進化，不論是往左或往右演變，都可能會出現極端思想愈來愈普及的危險。

最好的一個案例出現在二〇一七年華盛頓州的長青州立學院（Evergreen State College）。自由派白人教授布瑞特·衛恩斯坦（Bret Weinstein）反對學校每有教職出缺，雇用新人時都需就種族背景提出說明的主張。他也和一個學生團體意見相左，這個學生團體要求學校要訂定某一天白人學生不應上學，以便創造安全的環境，讓有色人種學生能暢所欲言辯論議題。他的教室旋即被學生闖入，高喊種族歧視和白人特權。他們要求開除他和另兩名職員應。當校長喬治·布理吉斯（George Bridges）試圖調停時，卻一再遭到咒罵、要他閉嘴。事件發生當下的一段影片顯示，學生尖叫地質疑衛恩斯坦，他問學生：「你們到底要不要聽答覆？」學生大喊：「不要！」這個事件充分顯示，愈來愈狂熱到要羞辱不同觀點的人認為另一派是惡魔的化身，不應該讓他們有機會表達其想法。它可能孩子氣、太單純化，但是它也很危險，威脅到言論自由的理想。

美國人現在關閉思想有其來自左右兩方政治光譜的因素，這也壓縮了中間立場的空間。最惡劣的破壞者是那些積極尋求促使對另一派加深猜疑和仇恨的人。在這一頭極端，包括白人和黑人的分裂團體都有，某些團體持有武器；示威活動經常引發暴力。譬如，二〇一七年在夏綠蒂維爾市（Charlottesville）為了反對拆除南北內戰時南方邦聯司令官羅伯·李（Robert E. Lee）將軍的塑像而爆發抗議；白人至上主義團體也介入，納粹旗幟、種族主義和反猶太人口號全部出籠。旋即發生暴力對抗，造成反示威的人士海瑟・賀耶（Heather Heyer）被一個白人至上主義者開車撞死。由於川普的反應，讓接下來的怒火更熾烈：他一再拒絕譴責這些極右派，包括3K黨和新納粹主義者，硬是聲稱雙方都有暴力行為。

跨越分界，不遠處就有黑人分裂團體；他們或許是反映白人的歧視才出現，但毫無疑問，它們的意識形態是種族歧視。典型的例子就是「伊斯蘭民族組織」（Nation of Islam），它的領導人路易斯・法拉汗（Louis Farrkhan）相信，六千六百年前有個黑人科學家雅庫布（Yacub），創造白人做為「藍眼珠的惡魔」，就是天生的邪惡和不敬神的代表。法拉汗也說，猶太人信的是「臭水溝宗教」（gutter religion），欺負黑人；他對黑人面臨的問題提出的解決辦法是，支持種族分離主義，以及終止種族通婚。

美國所有偉大的演講當中最著名的當屬亞伯拉罕・林肯（Abraham Lincoln）的〈分裂的家〉（A House Divided），這是他在一八五八年接受共和黨提名競選聯邦參議員時發表的演說。這句話出自聖經，出現在〈馬可福音〉第三章第二十五節、〈路加福音〉第十一章第十七節和〈馬太福音〉第十二章第二十五節。耶穌說：「若一家自相分爭，那家就站立不住。」林肯指的是美國因奴隸存廢問題分裂，現在美國發現自身再度深陷分裂：為了種族、族裔和政治傾向的分裂，全都造成緊張和情感激動。

美國這個愈來愈分裂的家，需要更理性、寬容和開放的心態去處理分歧，但是辯論——不論是右派或左派——卻往往在歐斯底里之下進行，狂熱地執意採用認同政治淹沒對方。在這種熾熱的氣氛中，川普關於邊境圍牆的言論刻意利用國家內部歷史的和新的分歧，掀起對「美國」的狹隘定義。種族、族裔和政治的分歧都歸結到這個問題上——美國是什麼，它應該是什麼，以及它如何發揚自己的自由和平等理想。

歐巴馬絕不是美國歷任總統中最成功的一位，他和其他所有總統一樣，也曾主張分裂性質的政策，但支撐他對美國的觀點的是一種信念：當國家擁抱「合眾為一」理念時，它會更強大，也會是更好的地方。他已淡入歷史，但他已在歷史上占有一席之地，他是現代美國能夠達致的榜樣。他在二〇〇四年民主黨全國代表大會上發表的演說就是例證：

評論家喜歡把我們的國家畫分成紅色州代表共和黨、藍色州代表民主黨……但我要告訴他們一個消息……我們在藍色州敬拜一位可敬的上帝，我們也不喜歡聯邦特務在紅色州的圖書館裡四處搜尋。我們在藍色州指導少棒聯盟打球，是的，我們在紅色州也有同性戀朋友……我們是一個民族。

第三章
以色列與巴勒斯坦

「你看到我們的困難了，耶路撒冷淪為廢墟，城門焚毀。來吧，我們重建耶路撒冷城牆，以免再遭譏笑。」

——《尼希米記》（*The Book of Nehemiah*）第二章第十七節

向南駛離耶路撒冷舊城牆後不到幾分鐘，就會看到遠方伯利恆（Bethlehem）的新圍牆。只要一靠近，就會發現這座二十六英尺高的鋼筋水泥牆面，上方搭架著刺絲網。圍牆上部分區域還通了電，厚重的防彈玻璃監視高塔錯落其中，年輕的以色列士兵居高臨下，監視著圍牆兩側的動靜。在以色列這一端，有著寬敞的空間，然而一通過檢查哨進入另一邊，街道就只剩可容一輛汽車通行的寬度，一排又一排低矮的公寓面對著圍牆。一入眼簾就讓人精神沮喪、深感恐懼與壓迫，彷彿進入另一個世界。房子和牆不應該如此貼近。

穿越邊界是段令人挫折至極的經驗，但若要通過的是一堵鋼筋水泥牆，將和絕大多數外國人一樣倍感沮喪。這些地段的高牆建於城鎮地區，藉以防範狙擊手從高樓層開槍。而在這長四百四十英里的障礙物之外大部分是圍籬。

分隔以色列和巴勒斯坦人西岸地區的障礙物，只有百分之三是鋼筋水泥的結構，一般都統稱為「圍牆」。為什麼？因為這百分之三比其餘百分之九十七更加醒目。有了二十六英尺高、搭配監視哨台的鋼筋水泥牆面，其上又滿布塗鴉，電視台的攝影記者怎麼會以刺絲網圍籬當作取材背景？為了引人矚目，這是可以理解的。蒼白無色的高牆具有強大的視覺效應，更可凸顯衝突和分歧。不論稱這道障礙物為何物，它都象徵著全世界最棘手的爭議之一。

英國街頭塗鴉藝術家班斯基（Bansky）在水泥叢林中對高牆和日常生活的怪異組合有著最佳的利用。一連多年他在巴勒斯坦這方繪製壁畫。有些作品現在很著名：一個小女孩跳著要碰觸一名以色列士兵的武器；一隻白色鴿子穿著防彈背心；一個女孩坐上氣球飛越高牆。有個故事（也可能是杜撰的）說，一位巴勒斯坦男子告訴這位藝術家，他讓圍牆變漂亮了。班斯基謝謝他的誇獎，不料接下來這個男子卻說：「我們不希望它變得漂亮好看。我們痛恨這道圍牆。你走吧！」

圍牆上經常出現一個沒那麼「漂亮」的作品，一位十歲絕望的小難民，赤足男童漢達拉（Handala）的畫像。漢達拉畫像最初是由已故的巴勒斯坦藝術家納吉．阿里（Najial- Ali）所繪製，畫中人通常都背向人們——暗示著除非巴勒斯坦人獲得正義的對待，否則他不會轉身。阿里同時也批評阿拉伯領袖，他離開巴勒斯坦後，從此斷了歸鄉路。一九八七年七月他在倫敦遭人開槍射中臉部，五週後去世。英國警方逮捕一名據稱是巴勒斯坦解放組織（Palestine Liberation Organization, PLO）成員的男性嫌犯，但一直沒有正式起訴他。

一思及阿里與漢達拉，我就想到一位住在倫敦的巴勒斯坦友人。他來自伯利恆，一九八〇年代末就離開家鄉。他說他絕不會「回頭」，意即不會返鄉。他告訴我：「我無法忍受必須經過以色列檢查哨、才能回到自己家園。這樣做等同於承認他們的權威。」

不過班斯基回頭了，而且更往前邁出好幾步。一九一七年貝爾福宣言（Balfour Declaration）承諾猶太人在當時尚稱為巴勒斯坦的地區建立家園，宣言一百週年紀念之際，班斯基在西岸地區開設一家旅館，取名為「圍牆飯店」（Walled Off Hotel）。十個房間全都面向離對街只有四碼的圍牆。班斯基說，這家旅館「擁有醜陋的景色，全世界任何旅館都比不上」，但是它「誠摯歡迎來自衝突各地和全世界的客人」。飯店成為目前眾多造訪伯利恆的遊客必到景點，也創造了批評者所謂的「衝突觀光」；但支持者認為，圍牆旅館扮演了在巴勒斯坦與外在世界間建立橋梁的角色。儘管如此，「班斯基觀光」、「班斯基紀念品」和「與班斯基藝術作品自拍留影」現在成了許多造訪耶穌誕生地的觀光客的表訂行程。

旅館有個狹窄的陽台，上頭擺了一些桌椅，也提供飲料，讓不參加基督教歷史遺跡觀光行程的旅客能有風味獨具的觀光經驗。從陽台上望去，可以細讀出圍牆上的塗鴉文字，譬如戲謔的「造人、不要建牆」、或充滿希望的「上帝會摧毀這道圍牆」，或以大衛之星（the Star of David）形狀構成的納粹黨徽。旅館室內以各種具有巴勒斯坦人反抗以色列統治象徵的物品裝飾，譬如彈弓和損毀的安全照相機。客房內有班斯基的壁畫，其中一幅是一名以色列士兵和一名巴勒斯坦示威者互擲枕頭。樓下有個小型紀念館，陳列以巴衝突歷史文物，入口處則擺了一尊真人大小的英國外交官亞瑟・貝爾福（Arthur Balfour）人像。只要一按鈕，他那機械操作的右手就開始動作，簽署那著名的貝爾福宣言。

然而，這些藝術作品並沒有說明，為何以色列人要在旅館對面蓋這堵醜陋的高牆。由於街道太窄，沒有足夠的空間可以擺設藝術作品，來描繪一輛被炸毀的以色列巴士；當然，也沒有人會要求藝術作品應該保持中立立場。圍牆上有一片塗鴉，或許是不經意，暗示了另一方的觀點：「這面圍牆或許照料了目前的需求，但是它沒有未來。」但從政治上看，目前通常比未來更重要，特別是你希望當選的話。

圍牆為什麼存在、達成什麼效用，是可以辯論的事。兩國之間的邊界自一九四八年以阿戰爭爆發、以色列建國以來，就一直是暴力相向的爭議。以阿戰爭結束之際，雙方協議畫定一道所謂「綠線」（Green Line）的停火線。但是，一九六七年「六日戰爭」中，以色列占領約旦河西岸和加薩，也奪取了西奈地區和戈蘭高地（Golan Heights）。歷經以色列人二十年統治，巴勒斯坦人的挫折感與憤怒蔓延整個巴勒斯坦地區，引發了「第一次巴勒斯坦大起義」（First Intifada, 1987-1993）。Intifada 這個字源於阿拉伯文nafada，意即「甩脫」（shaking-off），因此可譯為擺脫壓迫而獲得自由。經過幾年脆弱的和平——這時期以色列繼續占領加薩——積累數十年的土地糾紛又在二〇〇〇年引發大規模的暴力，即所謂的「第二次巴勒斯坦大起義」（Second Intifada），於是以色列開始興建高牆。

巴勒斯坦人認為圍牆只是以色列人用來奪取他們土地的藉口，只是為了「讓生米煮成熟飯」，由以色列的條件制訂出「兩國制解決方案」（two-state solution）的輪廓，將造成巴勒斯坦人失去約旦河西岸地區約百分之十的土地，因為圍牆現有的位置已深入到巴勒斯坦人地區。以色列聲稱這是地形因素與圍牆路徑的選擇，但在某些地區，圍牆明顯繞過猶太人屯墾區，進入到綠線的東側。

目前約有四十萬名猶太人定居在西岸地區。「屯墾區」指的是一小塊營區，或許位於貧瘠、多風的山丘上。然而，雖然許多屯墾區開始時是如此，但隨著發展已成長為全面的城鎮，具備城鎮集會所、超級市場和學校。各個屯墾區以及通往以色列的道路，且連結，將使得巴勒斯坦人很難在西岸地區流動，或維持大片相互連接的土地。目前也有二十多萬猶太人居住在東耶路撒冷（East Jerusalem），以色列在一九六七年兼併此地，而巴勒斯坦人卻聲稱未來巴勒斯坦若建國，將以東耶路撒冷做為首都。以色列猶太人認為東耶路撒冷和西岸地區是各自不同的實體，但巴勒斯坦人心目中絕對沒有兩者是分開的這回事。

屯墾區議題在以色列輿論中意見不一，對於它們的存在是否明智、合法和合乎道德，一直有激烈的辯論。虔誠的猶太教屯墾者聲稱他們之所以能住在西岸地區，是因為它是古代以色列的一部分，聖經把這個地區應許給他們。世俗的屯墾者則說，以色列從約旦取得土地，約旦後來也已放棄對此一地區土地的聲索權，因此屯墾者並非非法占有——不過，國際社會並不承認這個觀點。

一位參與公民社會的巴勒斯坦友人匿名表示：「你瞧那些圍牆！它們實在令人作嘔！這全是計畫竊取土地的一部分。他們把圍牆朝巴勒斯坦土地推進數百碼，即使這些土地向來就是我們的，日後他們也可以說，我們必須談判。」我們開車沿著圍牆走，他憤怒地指向巴勒斯坦人地區，這些地方原本遍植橄欖樹，如今卻剷除一空成為無人地帶，他深怕有一天這裡會變成以色列領土。他說：「他們一直都這麼幹。在現在的地面上建立既成事實，但他們所謂的事實卻是我們的土地。」

另一方面，以色列人對於圍牆卻有著迥異的看法：即使在他們這一邊的圍牆上，塗鴉文字和藝術作品所描述的故事也不同。某些圖文反巴勒斯坦人，替興建圍牆的必要性辯護；某些圖文親巴勒斯坦人，敘述他們的苦難；許多圍牆只畫地貌景色，設法讓圍牆化為「無形」——大多數以色列人的確已經習以為常、可以視若無睹。大多數住在以色列國境內的人，沒有必須靠近或穿越它的理由。絕大多數人不會進入西岸的猶太人屯墾區，至於必須來往其間的屯墾區居民，只把圍牆當做是遠方的地形，不過他們享有優先通關的權利。

大多數以色列人贊成興建圍牆，並相信它有正面效果。以色列政府指出，在興建圍牆之前三年，巴勒斯坦人發動過一連串自殺炸彈和其他攻擊，殺害數以百計的以色列人。製造炸彈和引爆炸彈的巴勒斯坦人，一度能自由自在於西岸地區各城鎮出入，離他們攻擊的目標如特拉維夫（Tel Aviv）、內坦亞（Netanya）和耶路撒冷不到一個小時車程。第一階段圍牆完成之後三年，只有六十多個以色列人遇害。這是以色列方面認為興建圍牆最有力的理由——圍牆純粹是安全措施，目的是制止暴力殺人。但仍有少數人反對圍牆，認為這些障礙物——尤其是其所採取的路徑——將成為以色列與巴勒斯坦人達成持久、和平的解決方案的阻礙。他們絕大多數是以色列政壇的左翼人士，反對的聲音力道非常強大，但是即使在左翼圈中，他們仍是少數。在以色列平民遇害數字降到極低值之下，許多以色列人心理上早已撤退到障礙物後方。他們還有其他許多問題和分歧等著處理，現在，若以色列就國民關切議題做民調，「在圍牆之後享有安全的經濟發展」有時候勝過國家安全的顧慮。

現已退休的大衛．孔布魯斯（David Kornbluth）是以色列最著名的外交官之一。他相信兩國制解決方案，也說他「感受到巴勒斯坦人的苦難」，但是一談到安全屏障，他卻有清晰、明確、直接與毫不妥協的觀點，和許多人的主張相同，他認為：「圍牆非常成功。它制止了自殺炸彈客殺人。如果沒有必要，也不會出現這些安全屏障。它的費用極高；沒有人想要浪費，左派不會、執政黨也不會。我個人認為，巴勒斯坦人遭到不幸和不必要的干擾，與圍牆能防止人命傷亡，這兩者不能相提並論。當然我感受到他們的苦難，但是這和他們試圖殺害數百位我國公民並不相干。」我提醒他，反對圍牆的人士認為它是鎮壓和高壓者權力的象徵。他說：「這和權力或鎮壓的象徵無關，如果是的話，我們在一九六七年就會興建了。圍牆是應付實務需要而生的。」

從某個角度來看，這道牆可以說是把澤威．賈伯廷斯基（Ze'ev Vladimir Jabotinsky, 1880-1940）的意識形態和「鋼鐵長城」的理論付諸實現。賈伯廷斯基是以色列建國前居住在巴勒斯坦猶太人社群的一位理論家。他是以色列對付阿拉伯人策略的主要規劃師；阿拉伯人具有堅不可摧的軍事力量，強烈反對以色列建國。他認為，只有在阿拉伯人理解到他們無法摧毀以色列時，才會坐上談判桌，才能設法獲致協議。賈伯廷斯基宣稱：「我希望、我也相信，屆時我們會提出可以滿足他們的保證，兩個民族將以好鄰居和平相處。但是達成此一協議，只有一條路，就是透過鋼鐵長城。」

當圍牆逐漸圍起約旦河西岸地區，以色列境內的自殺炸彈客和槍砲攻擊數量就顯著下降，以色列政府說，圍牆和此一統計數字兩者之間有直接的關係；然而，批評者不同意這個說法。他們認為在圍牆興建的同時，以色列的敵人就已經刻意降低攻擊的步調，他們發覺自殺炸彈事件有害於外在世界看待他們建國大業的眼光，而且也不值得因以色列強硬反應而付出高昂的代價。倫敦政經學院國際關係教授法瓦茲．葛吉斯（Fawaz Gerges）認為這個說法有道理：「由於政治和戰略都處於負債，哈瑪斯和巴勒斯坦其他派系做出有意識的決定，不再於以色列境內發動攻擊。」

即使如此，以色列仍堅稱，這些圍牆以及為維護對邊界控制所興建的其他屏障，在以色列國家的安全上扮演重要關鍵的角色。除了沿西岸地區興建圍牆，他們也沿著加薩邊界興建安全屏障；這道屏障的興建始於一九九四年，將近四十英里長。而沿著埃及和以色列邊界也有道一百五十二英里長的圍籬，完工於二〇一三年，已經遏止來自各個非洲國家的非法移民。從二〇〇〇年至二〇一二年之間，將近五萬名非洲人——絕大部分來自蘇丹、厄利垂亞和衣索比亞——經歷艱苦跋涉、躲過埃及邊防部隊槍擊，越過邊界。他們大部分在以色列定居下來，因為要驅逐他們出境有許多法律障礙，而且非洲各國也不願收容他們。第四種圍牆比較不受注意，在敘利亞陷入內戰後，沿著敘利亞邊界興建。由於各種聖戰團體如努斯拉陣線（Nusra Front）和伊斯蘭國（Islam State）逼近敘利亞在戈蘭高地那一側的邊界，因此以色列再度強化它的防禦工事。

那麼，如果以色列堅信這些圍牆有助於降低暴力攻擊，它們會長久存在嗎？答案眾說紛紜，但許多人都不認為圍牆是解決該區問題的長久之計，充其量只是走向解決的一步，因此認為圍牆應該只是暫時措施。曾參與規畫圍牆方案的外交官孔布魯斯說：「最後的解決方案會分階段達成……我認為圍牆會拆掉，未必需要設在任何未來洽定的邊界線上，它的目的不是做為邊界線，只是為了大幅降低恐怖攻擊……它可以跟興建之時一樣，很快就拆除，我非常清楚這點。」要達成這一點，不僅以巴雙方之間要達成協議，他們各自內部也要取得共識——但雙方內部都嚴重分裂。

以色列是一個內部有多種分裂意識的國家，不但不同的人並肩生活——或者在某些情況下，應該說是無法並肩生活。

以色列是個新國家，也是個大熔爐。人口八百六十萬，算起來只是個小國家，而這些人許多是來自非常不同的族裔背景。譬如，它有大量的俄羅斯人；一九九〇年代，以色列人口只有五百萬人，後來來了一百多萬俄羅斯人。以色列社會的許多分歧也反映在政治的分歧上——甚至比絕大部分民主國家都更加分歧——國內有左翼政黨、右翼政黨、阿拉伯人政黨和宗教政黨，而這些類別之下還可再細分為不同黨派。

以色列在一九四八年宣布建國時就舉行了第一次人口普查。當時全國人口百分之八十六為猶太人、百分之九為穆斯林、百分之三為基督徒、百分之一為德魯茲教派（Druze）。到了二〇一四年人口普查時，穆斯林人口幾乎倍增到百分之十六．九、德魯茲教派為百分之二，猶太人比重已經降為百分之七十五、基督徒為百分之二，其餘百分之三為各個少數民族。

然而，即使占半數以上的猶太人族群當中，還是有著深刻的歧異。絕大多數人分屬兩大類別之一——不是阿什肯納茲猶太人（Ashkenazi），就是塞法迪猶太人（Sephardi）。兩者的根源可以追溯至羅馬人逼得猶太人部落四散之前的以色列，但是阿什肯納茲猶太人通常膚色較淡，他們晚近的根源是歐洲人血統。塞法迪猶太人名稱來自希伯來文Sepharad——即Spain（西班牙），大部分是一九四八年以色列宣布建國後，被趕出阿拉伯國家的數十萬猶太人後裔。

阿什肯納茲猶太人往往是國內菁英，自從建國以來就掌握政界和企業界勢力，部分原因是他們大多受過良好教育，另一部分則是他們在十九世紀末、二十世紀初來到以色列，比塞法迪猶太人是為躲避阿拉伯人迫害才到來，早了幾十年。不過，近年來塞法迪猶太人的影響力已經上升，他們的宗教政黨往往占有權力平衡的地位，因此被邀請加入聯合政府。這兩個類別的猶太人宗教信仰並無太大差異，因為受到中東和歐洲背景的影響，有著文化和政治意識上的差異，這意味著兩者通婚雖不罕見，但並非常態。談到文化，塞法迪猶太人在音樂和食物選擇上中東色彩較濃厚，而阿什肯納茲猶太人的飲食則源自東歐猶太人傳統。

不論是阿什肯納茲猶太人或塞法迪猶太人，猶太人的宗教歧異也很嚴峻：世俗的猶太人占百分之四十九、傳統的猶太人占百分之二十九、虔誠信教的占百分之十三，而極端正統的猶太人占百分之九——後者亦稱哈雷迪教派（Haredim），對上帝敬畏而戰慄的人。超越這些類別之上，大多數人會說他們的宗教是猶太教：百分之八十七的世俗猶太人仍然參加逾越節（Passover）禮拜，有半數說他們在週五夜裡會點蠟燭。然而，他們之間仍有許多明顯的差異，反映在社會上則十分清晰。

這些團體一起生活在這個小國家中，說同樣的語言，但罕有社交互動。事實上，許多街坊是根據這些界線來區分，現在耶路撒冷、特拉維夫和其他城市，在有些塊狀地區，幾乎整個區域都是非世俗猶太人，即虔誠信教的猶太人。雙方之間的通婚也很不尋常。許多世俗猶太人認為，若他們的子女和哈雷迪教派結婚，一如與基督徒結婚，都讓他們感到不舒坦。而這些人的子女可能在隔離的學校就學——哈雷迪教派進男女分校的哈雷迪教派學校，世俗者進非教會學校。

城市地區有些信教者和世俗者混合居住的街坊，即使在這裡，只需要幾秒鐘就能知道誰是正統猶太教徒而誰不是。就算信教男士頭上戴的 kippah 帽飾，也可以展示他們的信仰。譬如，約旦河西岸地區的許多屯墾者習慣戴針織的 kippah 帽飾，比現代正統猶太教徒和某些哈雷迪教派所戴的平坦式 kippah 帽飾大得多。行家甚至只要從一個哈雷迪男教徒戴的裘皮帽樣式，就可知道他是追隨哪位拉比（rabbi）。另一方面，極端信教和世俗的猶太人即使走在雙向道上，也幾乎對彼此視而不見。戴裘皮帽、穿白色長襪，身著外人看來像是長衫的哈雷迪男教徒，絕對不會向一個世俗猶太婦女問路，反之亦然。

這些團體在經濟方面的差異也很明顯。以色列的經濟情況相對於大多數國家來說算是相當不錯，但它的繁榮分布非常不均，不同團體之間的差距也正在擴大中。貧窮也很普遍——每五個以色列人就有一人的家庭所得不及全國平均值的一半（是經濟合作發展組織會員國的兩倍）——而且哈雷迪教派在這方面的表現更糟，理由很多。家庭成員太多往往造成貧窮，而哈雷迪教派生育的子女又往往多過現代正統猶太教徒和世俗猶太人。皮優研究中心的調查顯示，百分之二十八的哈雷迪教派說他們育有七個以上子女，但七個以上子女的世俗猶太人卻只有百分之一。哈雷迪教派也比較可能處於失業，因為他們之中有很多人選擇研究猶太教經典《妥拉》（*Torah*），而不去工作。

走在猶太人社會各個角落，都可以看到這些裂痕，在宗教場所則特別明顯。以西牆為例，西元七十年第二聖殿（Second Temple）被羅馬人摧毀後，剩下西牆這道遺跡。由於它並不是內部聖殿的一部分，宗教學者對於它是否那麼「神聖」，見仁見智。然而，對於幾乎所有的猶太人而言，不論是否虔誠信仰猶太教，西牆都是一個非常重要的地方。聖殿山上是阿克薩清真寺（Al-Aqsa），緊鄰的圓頂清真寺（Dome of the Rock）興建於西元七世紀，是伊斯蘭教的第三大聖地。以色列和巴勒斯坦穆斯林以及外國遊客被允許造訪阿拉伯人稱之為「神聖殿堂」（Noble Sanctuary）的此處，猶太人則是禁止進入，政府基於安全理由向來堅持此一政策。

走近西牆，立即看到分歧。一道圍籬從廣場延伸到西牆，把開放空間分隔為三分之一和三分之二兩個區塊。右側比較小的一塊是女界，左側比較大的一塊是男界。以色列國內有一些宗教團體，男女會眾混同出席會堂內的活動，但只占非常少數，這些少數宗教團體對以色列國內的宗教事務幾乎不具影響力。正統的猶太教會堂勢力強大，他們的會眾按性別分開；因此，西牆也是男女分界。

並非所有的女性都接受這種情況；有些女性認為她們應該能夠和男性一起參加禱告，也和男性一樣穿戴禱告披肩。這導致了一個名為「牆上女人」（Women of the Wall, WOW）的團體和哈雷迪教派之間的激烈爭執，前者堅持在西牆禮拜，後者經常以暴力來阻止她們。從大約一百多名女性首次在西牆祈禱，便遭到哈雷迪教派男女會眾口頭和身體攻擊以來，這場爭論已經持續了三十年之久，至今仍在法院和西牆廣場頻繁上演。

「牆上女人」每個月來到西牆舉行禱告會時，經常被不同主張的男女信眾推擠和吐口水，總是需要警察保護。二〇一三年，張貼著聲援這些女性海報的公共汽車在穿越耶路撒冷的極端正統猶太教徒街坊時，車窗遭到搗毀。《塔木德》（*Talmud*）明確指出，由於猶太人彼此仇恨，上帝才摧毀第二聖殿——某些參與者可能已經忘了箇中的諷刺。

社會內部的這些差異的影響也延伸到政治層面。譬如，絕大多數世俗者認為自己是以色列人、其次才是猶太人；但絕大多數正統猶太教徒認為自己是猶太人、其次才是以色列人。這種認同影響了國家內部的政治分歧。整體而言，塞法迪以色列人政治上傾向右翼，阿什肯納茲猶太人就比較分歧。愈是虔誠信教的團體愈傾向於支持宗教為主要取向的政黨，而哈雷迪教派根本完全依據拉比的指示投票。這表示宗教政黨幾乎注定會參與聯合內閣中，而且他們在許多關鍵議題上，如宗教改信、徵兵、西岸地區屯墾區、婚姻、離婚和性別分隔等，經常持南轅北轍的觀點。

宗教政黨往往要求主導教育和宗教事務，我們也看到，他們的觀點未必吻合其他人民的觀點。極端的正統猶太教徒不斷努力要保有在他們轄區婚姻儀式監管之權利，並且經常以強力方式執行他們的觀點，嚴禁任何人在安息日（Sabbath）開車，尤其不准在他們的街坊開車——他們有時會設立路障、阻止車輛通行，藉以貫徹此一政策。許多人反對在領土問題上和巴勒斯坦人有任何形式的妥協：整體而言，百分之六十六的猶太人以色列公民支持以兩國制方案解決以巴衝突；但是投票給支持宗教政黨的人有百分之六十支持單一國家。

同時，儘管國內已經有政治和法律戰進行中，但世俗的以色列人仍痛恨極端正統猶太教信徒不用服兵役、卻享有中央撥款補助其社區和計畫的福利的情形。世俗者也擔心會因為人數上失勢被趕出耶路撒冷，因為虔信宗教者的出生率高出世俗者許多——這個因素也被認為將威脅國家經濟，因為相當高比例的哈雷迪教派並不工作。

儘管以色列的猶太人具有這些「種族」、宗教和階級的分歧，但大衛・孔布魯斯說，這些分歧及有時針鋒相對的立場，遮掩住面對外侮時全民團結一致的現象：「以色列在戰爭時期是個極端強大、團結一致的國家……當發生戰爭時，國家就會團結起來。許多人說對以色列的真正的威脅是這些分歧，它們會拖垮以色列。但以色列一直是十分強大的國家。」或許強大，但不論猶太裔以色列人有多麼團結，還是存在另一種分歧——猶太裔以色列人和以色列的阿拉伯國民之間的分歧——這種分歧恐怕永遠無法弭平，除非以色列國內真正實現平等，以及和巴勒斯坦人達成平等的兩國制解決方案。

阿拉伯人占以色列全國人口五分之一，他們絕大多數不願意居住在貧窮的巴勒斯坦，也清楚身為以色列國民，他們的生活水準比中東大部分阿拉伯人高出許多。但是，這並不代表他們滿意自己的命運——甚至完全相反。固然以色列的阿拉伯人人數劇烈增加，生育率也高出他們的猶太人鄰居，但他們的經濟地位和社會地位並未隨之提升。隨著人數增加，他們的政治影響力也可能增加，將可以選出更多阿拉伯裔政客進入以色列國會；但是以中期而言，他們有限的投票力量不可能撼動以色列政府的組成。

以色列的阿拉伯人擁有完整的公民權，社會與宗教權利得到法律保障。他們有自己的政黨、報紙和廣播電台。阿拉伯人出任最高法院大法官，擔任國家足球隊隊員。即使如此，儘管以以色列公民身分生活在同一個國家，享有平等的法律地位，可是從許多方面來看，他們過的是互不相干的生活。

絕大部分以色列的阿拉伯人子弟進入阿拉伯語文學校就學。他們住在阿拉伯人村莊，若是住城裡，也是住在阿拉伯人社區。海法（Haifa）可能是以色列人口最為混居的城市，但即使在海法，還是可以看到街坊之間的涇渭分明。以色列的阿拉伯人長大後會閱讀阿拉伯文報紙、聽阿拉伯語廣播，甚至當他們看全國電視節目，就會發現跟阿拉伯人有關的節目不多。他們幾乎人人都會說流利的希伯來語，但只在共同的工作場合才使用。和哈雷迪教派一樣，他們通常出現在所得金字塔的底層，不過，許多極端正統的猶太教信徒選擇不工作，而以色列阿拉伯人卻是經常得不到高薪工作。阿拉伯人家庭的貧窮率是百分之五十，哈雷迪教派的貧窮率也一樣高。

數十年來，阿拉伯社區每個小孩所分配到公共教育經費都明顯低很多，雖然二〇一六年推出的五年計畫是為了解決這個問題。教育水準低的連鎖效應造成以色列最貧窮的十大城鎮有八個是阿拉伯人居住的城鎮。大約百分之七十九的以色列阿拉伯人相信他們受到歧視。歷任政府曾經立法禁止歧視，在公部門也替少數民族保留工作配額，但配額罕見達成，這些法令形同具文。

非猶太人社群也依各種不同的宗教和族裔界線各自分歧，譬如穆斯林、貝都因人（Bedouin）、基督徒和德魯茲教派。某些人的景況比阿拉伯人還糟，譬如基督徒的社會經濟地位往往和猶太裔以色列人相彷彿，但貝都因人卻是以色列所有原住民團體中最弱勢的族群。他們試圖離群索居，然而在二十一世紀愈來愈難辦到。國家和貝都因部落之間的土地糾紛使得全國二十萬名左右的貝都因人，目前幾近半數住在「不被承認的村莊」，有些村莊更是水電俱缺。他們的遊牧生活幾乎無以為繼，即使仍有少數人試圖帶著家畜流浪，但已無法像以色列建國之前那樣在全國各地遊蕩。

貝都因人的經驗與阿拉伯人其他社群的經驗略有不同：譬如，他們並沒有「國族意識」，這也是為何儘管法律豁免他們服兵役的義務，但每年仍有一些貝都因人志願投效以色列國防軍，而有些穆斯林以色列人也會志願從軍。少數非貝都因族的以色列穆斯林會志願從軍，某些以色列基督徒阿拉伯人和許多德魯茲教派也會志願從軍。不過，大多數非猶太裔以色列人通常不會如此。許多——可能是絕大多數——以色列阿拉伯人認同自己是巴勒斯坦人。由於在以色列國防軍服役通常得到約旦河西岸以及邊界哨站執行勤務，這將會被視作是參與壓迫阿拉伯同胞或巴勒斯坦同胞的行徑。以色列政府不承認有任何形式的壓迫行為發生，但是它也清楚，強制阿拉伯公民服兵役根本行不通。

這種「阿拉伯意識」是將邊界兩端的阿拉伯人團結在一起的因素——它是跨越國界的一種認同意識——然而，它們之間仍存在許多差異。我們經常使用過度簡化的粗略描述，譬如「以色列人」、「阿拉伯人」和「巴勒斯坦人」等詞語。在宏觀層面理解政治和地緣政治可能有用，但在摩擦開表面後，就會發現箇中相當複雜，在我們所認識的「以色列人」或「巴勒斯坦人」大圖像下仍有極大的微觀分歧。

一進入巴勒斯坦地區，最大的分歧就是領土。要組建一個單一巴勒斯坦國家，存在著許多障礙，其中最棘手的是，巴勒斯坦地區不是一個、而是兩個——約旦河西岸和加薩。兩者之間的距離不是真正的問題。如果各方能取得協議，蓋一條高速公路大橋或地道貫穿二十五英里長的以色列地界即可。可是，這兩塊地區不僅因為地理因素仍然分裂，也因為政治和意識形態因素而分裂。

理論上，即使以色列預備談判，也無能為力，因為巴勒斯坦人在議題上意見完全不一致。比較世俗的「法塔」（Fatah）是主導巴勒斯坦臨時政府（Palestinian Authority, PA）的主要政治勢力，治理西岸地區兩百五十萬巴勒斯坦人；而激進的伊斯蘭主義組織哈瑪斯（Hamas）則控制加薩走廊的一百七十萬巴勒斯坦人。兩派對於以色列的政策迥然不同。哈瑪斯依然是個伊斯蘭主義組織，儘管它在二〇一七年公布的新黨綱（New Charter）接受依據一九六七年邊界建立巴勒斯坦國家的可能性，但這份文件第二十條又宣稱：「哈瑪斯拒絕從河到海、巴勒斯坦全面完整解放之外的任何替代方案。」這裡指的是約旦河和地中海，而以色列正好位於兩者之間。新黨綱沖淡原本舊黨綱惡毒的反猶太人文字，但是並沒有正式取代原本黨綱，因此哈瑪斯仍然主張以暴力達成其建國目標。西方世界大部分仍將哈瑪斯當做是恐怖組織。反之，法塔是個世俗的組織，至少理論上它正式接受「兩個民族分別建立兩個國家」的概念。

二〇〇六年，以色列撤出加薩的翌年，由於選民對於法塔官員貪瀆橫行失去耐心，讓哈瑪斯在加薩和西岸都贏得選舉。隨後出現各式各樣的聯合政府，卻一直窒礙難行，法塔在西岸勢力較大，哈瑪斯則稱雄加薩，到了二〇〇七年雙方終於爆發衝突。

哈瑪斯聲稱效忠法塔的安全部隊不聽從哈瑪斯派任的內政部長命令，另行組建一支「執行部隊」，後來這支部隊殺了法塔在加薩的一名高階安全官員。阿巴斯（Mahmoud Abbas）總統據此宣布哈瑪斯為非法組織，雙方爆發愈來愈嚴重的暴力衝突，於六月間達到高峰，哈瑪斯部隊強行控制了加薩地區所有政府建築物，並殺害許多法塔的支持者。在數百名巴勒斯坦人死於派系鬥爭之後，法塔安全部隊往以色列邊界逃命。阿巴斯總統譴責這些事件形同「政變」，他下令鎮壓哈瑪斯在西岸地區的權力中心。儘管多次嘗試，雙方仍無法溝通彼此之間的歧見。沒有一方預備放棄權力，但也沒有一方得到對方的全力支持。二〇一七年十月，他們簽訂修好協議，阿巴斯總統稱讚這是「終結分歧的宣言」。不過，協議立刻又觸礁，雙方仍自命正統。中東地區若要有任何新的和平談判起步，一定需要有某種程度的團結。

哈瑪斯的英文全名翻譯成是Islamic Resistance Movement（伊斯蘭抵抗運動），在加薩執行自己的伊斯蘭教義，試圖掌握所有的生活層面。這個作法不僅疏遠了法塔支持者，也讓某些更溫和派的居民不以為然。基督教徒人數不多，或許不到三千人，但他們倍感壓力，許多人試圖離開，一如中東各地遍受煎熬的基督徒。哈瑪斯繼續不分青紅皂白向以色列平民地區發射火箭，或者未能阻止其他團體有如此的舉動。這也造成意見分歧，支持者認為這是針對「以色列封鎖」的反抗；另一派則認為這種抗爭行動大體上無效，卻會引來以色列的報復，並不值得。

儘管以色列撤軍，但加薩居民仍然被圍困在以色列人所興建的四十英里長高牆，以及埃及邊界的圍籬之內。往西望去，加薩居民可以看到地中海，而遠方總是有一艘以色列巡邏艇或軍艦。他們也沒有安全路線可以退走，因為以色列和埃及都限制了進出加薩走廊的活動，這造成民生艱困，但是以、埃兩國都堅稱，如果允許自由通行，他們相信哈瑪斯和其他團體將從加薩投射無法容忍的暴力行為。埃及對此的關切程度不下於以色列，這是因為哈瑪斯是源自埃及穆斯林兄弟會（Muslim Brotherhood）的組織。軍人主政的開羅政府在二〇一三年推翻短暫的穆斯林兄弟會政府才得以上台，它可不希望見到哈瑪斯在它的領土活動。

以色列允許每天數百輛卡車載運食物、藥品和能源供應進入加薩，但如果爆發跨界敵對行為，這些進口就會受到限制。鄰近埃及邊界處蓋了數以百計的走私地道，推動了旺盛的黑市生意，也提供不怕地道可能突然塌陷、想要出境的人一條通路。我甚至曾經看到拖拉機拉著一輛全新的賓士車進入加薩，加薩的汽車展示間也擺滿了車輛，但這不是常態的經濟。因為西奈經常遭到恐怖攻擊，埃及人便不時強化他們的圍籬工事，有時也朝地道灌水，藉以阻止武器和戰士潛入西奈。埃及和以色列針對地道的防堵行動的確降低暴力入侵的可能性，卻也重創黑市經濟，沒有了黑市供應，坐困圍城的加薩居民生活就會更加艱困。二〇一六年，以色列宣布計畫興建深達一百英尺的地下長城，以阻止武裝團體從地道冒出來攻擊以色列邊境城鎮。

約旦河西岸地區的生活也很艱苦，但比起加薩卻輕鬆得多。雖然有時不見得容易，但巴勒斯坦人可以進入以色列或約旦，再轉往其他地方。由於西岸的醫療水準低，每年有數萬名民眾到以色列的醫院治病。不過工作許可就很難取得。一九八〇年代末期，西岸和加薩的巴勒斯坦人約構成了百分之八的以色列勞動力，現在已下降到百分之二。人數降低的部分原因是因為第一次和第二次巴勒斯坦大起義引起的安全顧慮，部分原因是來自其他國家，大多是亞洲國家的工人取代了他們的地位。因此，住在這道大型安全圍籬背後的兩百五十萬名巴勒斯坦人要問國勢究竟會如何發展。過去數十年，沒有太多辯論：那是因為分割巴勒斯坦受到外界支持；接著是「災難日」（Nakbha），即一九四八年輸掉了制止以色列獨立建國的戰爭；接著就是一九六七年西岸地區被以色列占領。這些因素仍然是巴勒斯坦人最根本的解釋，但是這些解釋已不再足夠不被接受。

許多年輕的巴勒斯坦人對以色列的感受並沒有得到緩和，他們要問：為什麼自己的領導人歷經好幾個世代都以失敗收場。一般年輕的巴勒斯坦人都接受巴勒斯坦臨時政府相當腐敗的現況，現在民間對於在阿拉法特、以及阿巴斯時期崛起掌權的政客世代，支持度很低。某些人轉向支持相信有朝一日武力將可轉變大勢的哈瑪斯，因此法塔和哈瑪斯之間的分歧頗有可能再度升高至爆發類似二〇〇七年的交戰——只是這一次的衝突將發生在西岸。很多巴勒斯坦人對兩大派系都由衷厭惡，在西岸地區經常可以聽到有人悄悄抱怨，認為巴勒斯坦臨時政府在安全議題上選擇與以色列合作，成為以色列占領的「承包商」。

但能怎麼辦呢？政治上該往哪走呢？巴勒斯坦根本不是開放社會。異議份子會被抓去動刑拷打，許多巴勒斯坦記者可以證明這一點。西方所理解的自由民主，在巴勒斯坦並不存在。譬如，溫和的自由派政黨、擁護同性戀權利，這些主張不會得到太多注意，它所處的環境若公開宣揚這種觀點會很危險。在邊牆上偶爾出現的同志彩虹旗圖案，總是很快就被塗銷。

這一點都不稀奇。相對於歐洲和北美洲，中東本來就是極端保守的地區，但巴勒斯坦出現自由民主政體的機會也被以色列的占領所癱瘓。保守派可以說、也的確這麼說：追求民族自決的鬥爭必須優先於其他一切。基於這些理由，普遍不喜歡西岸地區目前領導人的情緒，未必能轉化為推動真正的自由民主政體，而且西岸和加薩之間的緊張將使巴勒斯坦持續分裂。

巴勒斯坦人不能期待他們的阿拉伯鄰人幫忙。中東各國政府只是利用巴勒斯坦問題做為政治工具，同時歧視逃躲到他們國家的難民，任由他們困住在悽慘的難民營。在絕大多數阿拉伯國家中，巴勒斯坦難民及其子女，即使生在這個國家，也不能成為公民，不能投票或競選全國公職。約旦比大多數國家都更寬容，即使在約旦，巴勒斯坦裔居民仍然遭受歧視，在國會中幾乎沒有代言議員。黎巴嫩約有四十多萬巴勒斯坦人，大約五十種工作禁止巴勒斯坦人擔任，譬如他們不能成為律師、醫師或新聞記者。在黎巴嫩和敘利亞，他們不准擁有不動產，必須住在難民營。即使繞過了法律，也不能把財產交給子女繼承。

某些歧視政策背後的理由是，所有的巴勒斯坦人，包括那些一九四八年難民的子子孫孫，都有「歸鄉權」。但這並不能否定賦予他們人權的責任，只是阿拉伯各國政府以此為藉口，讓巴勒斯坦人淪於赤貧，無法進入本國政治主流，並且藉由凸顯他們的悽慘，消弭針對本身內政政策失敗的批評。

即使很多人都支持兩國制解決方案這一概念，然鑒於居民之中以及他們彼此之間存在如此眾多的分歧，要在近期建立一個可被各方接受的兩國制解決方案，顯然機會不大。這當中存在太多挑戰和障礙——邊界要畫在哪裡？如何處理以色列屯墾者和巴勒斯坦難民？耶路撒冷的歸屬如何處理？——雙方似乎都不能在自己境內達成人人贊成的一致政策，更不用提會有雙方都能同意的方案。因此，就目前而言，圍籬繼續存在，藉以防堵自從以色列建國以來時常爆發的激烈暴力活動。

現代以色列在暴力中誕生，因此以色列人感知到自建國以來每十年都被迫要打一場戰爭。以色列雖然曾經被認為是大坩堝的中心，但現在在許多人心目中卻是一塊在愈趨動亂的地區當中，相對和平的綠洲。這個觀點讓前任總理歐胡德．巴拉克（Ehud Barak）以略帶挑釁的口吻形容他的國家是「叢林中的一座別墅」——這種想法也是造成高牆廣建的部分原因。

目前以色列局勢相當穩定——至少與中東其他地區相比是如此。近年來，阿拉伯世界陷於革命和衝突中，聚光燈並未照向以色列。然而，以色列人深知情勢將會改變，真主黨（Hzsbollah）、哈瑪斯和其他許多團體和以色列還沒完沒了。穩定仍很脆弱，衝突隨時可能重啟，我們已經看到川普總統在二〇一七年底正式承認耶路撒冷是以色列首都，在整個地區點燃不安。目前，各方都在致力營造未來。牆遏阻暴力，目前就是如此。

第四章
中東

「選一位投資在造橋、而非建牆；發展知識、而非武器；提倡道德、而不貪汙的領導人。」

——蘇西・卡辛（Suzy Kassem），《起來，向太陽敬禮：蘇西卡辛作品集》（*Rise Up and Salute the Sun: The Writings of Suzy Kassem*）

中東地區到處可見小型高牆。每一道牆都說明了目前本區域恐怖暴力極為猖獗。在巴格達、大馬士革、安曼（Amman）、沙那（Sana'a）、貝魯特、開羅、利雅德都可看到——的確，幾乎每個首都城市都有高牆。這些鋼筋水泥屏障和防爆圍牆環繞著大使館、慈善機構、國際組織、警察局、軍營、政府官署、公寓大樓、教堂、旅館，甚至整個街坊興建。

圍牆的一方是正常生活，汽車鳴喇叭、街頭小販叫賣，行人匆匆，過著首都城市忙碌的生活；而在高牆彼端則是另一種版本的正常生活，雖然辦公室職員、政府官員、公務員、外交官都埋首於工作，過著日常生活，但他們曉得若沒有窗外的鋼筋水泥屏障、入口處的警衛，以及街角可能設置的檢查哨，任何時候卡車炸彈都可能炸垮他們的建築物，或著一群恐怖份子衝進他們的工作場域。

這並非無的放矢。高牆興建前已發生的攻擊事件不勝枚舉。大中東地區在本世紀已發生的攻擊事件超過一百五十件，包括利雅德外僑工作者的宿舍區、埃及西奈省和約旦安曼的旅館、葉門和阿爾及利亞的石油設施、巴格達的教堂、班加西（Benghazi）的美國領事館、突尼斯的巴爾多國家博物館（Bardo Museum），以及伊朗國會和最高精神領袖何梅尼（Ayatollah Khomeini）陵寢，都曾經遭到攻擊。

這些高風險的城市中心之所以興建高牆是因為發生太多的攻擊事件。興建這類高牆的樣板是巴格達的「綠區」（Green Zone），其周邊防線興建於二〇〇三年美軍攻入伊拉克之後，用來保護薩達姆・海珊（Saddam Hussein）遭推翻後由美國人領導的「臨時政府」。綠區位居巴格達市中心一大片地區，四周布建巨大的鋼筋水泥牆，類似我們在約旦河西岸看到的圍牆地段。在綠區，經常可聽到火箭落在防線內的爆炸聲，但更常聽見的是綠區之外由遠方傳來造成大規模傷亡的汽車炸彈爆炸聲，或是自殺攻擊的沉悶響聲，不斷提醒著一般伊拉克百姓和美軍部隊在真實世界的生活樣貌。

從機場出來通往綠區的某些主要道路，沿線布建鋼筋水泥屏障，以防止路邊的土製炸彈引爆。隨著威脅上升，屏障也延伸到次要道路。由於實在太常見，軍方甚至對不同型號的屏障取了正式名稱，依據美國的州名命名：譬如，「科羅拉多」是中型大小、六英尺高、三・五噸重；「德克薩斯」是大型、六英尺八英寸高、六噸重；「阿拉斯加」可謂巨型、十二英尺高、七噸重。性命和金錢的代價都不低。這些屏障肯定拯救了不少人的性命，但是面對特製的土製炸彈，它並不是萬無一失，這些特製炸彈單一方向的爆炸力，甚至可以打穿某些高牆。每塊牆板成本要六百美元以上。把它乘以數千片、加上八年的占領期間，經費突破十億美元。

即使如此，這些屏障已成為城市游擊戰的一環，興建高牆是美國軍事計畫既有的一部分。美軍士兵已經嫻熟興建技能，可以在一夜之間立起一百多片牆板，有時候還得冒著砲火興建。由於遜尼派和什葉派之間的宗教對立上升，加上雙方的民兵刻意加劇緊張，整個街坊都會築牆自保。鋼筋水泥救了人命，降低遜尼派和什葉派民兵對民眾和外國工作者所造成的傷亡，可是每一片牆板也像墓碑，埋葬了伊拉克推翻海珊政權可望帶來安定的這個理想。

美軍攻入伊拉克，導致好幾個國家的動盪，激進伊斯蘭教義意識形態高漲，甚至創造出一大片無法無天的空間，暴力從這裡往每個方向投射。隨後的阿拉伯起義在二〇一一年於突尼西亞、埃及和利比亞爆發——許多人錯誤地稱呼它是「阿拉伯之春」，期待它帶來本區域大規模的改革——是出乎預料的；但是爆發之際，每個國家都有一批曾在伊拉克受訓的聖戰士。

過去許多人相信只要解決了以色列人和巴勒斯坦人的問題，這塊廣大地區將迎來更大的安定，但是這個理論因為過去幾年阿拉伯世界的動盪已經被炸碎。現在，從伊拉克、利比亞、敘利亞、埃及和葉門烽火四起，已經可以看出中東區域的動盪和加薩市、拉瑪拉市（Ramallah）、特拉維夫與海法的情勢，沒有太多關聯。

二〇一四年，全世界只有百分之五的人居住在阿拉伯世界，卻遭遇全球百分之四十五的恐怖攻擊、百分之六十八與衝突相關的死亡，並且收容了百分之五十八的難民。在某些國家，整個國家分崩離析；有些國家，裂痕正在浮現；還有些國家，分歧雖隱藏在表面之下，但隨時可能再出現。戰爭和起義暴露了阿拉伯人主導的國家存在巨大分歧。阿拉伯人仍然有團結意識，到目前為止，他們有共同的空間、語文和某種程度相同的宗教；但是泛阿拉伯統一的前景仍是遙不可及的夢想。

宗教是最大的分歧因素之一。二〇〇四年，約旦國王阿布都拉（King Abdullah）創造出一個具爭議的詞彙「什葉派新月」（Shia crescent）。指的是擴大伊朗的影響力，從什葉派的伊朗首都德黑蘭開始，形成一個弧形，經過現在由什葉派主導的伊拉克首都巴格達，再到敘利亞首都大馬士革——執政的阿薩德家族是什葉派支派阿拉威派（Alawites）的後裔——終止於什葉派真主黨在黎巴嫩南貝魯特的基地。在這個人人都曉得宗教派系緊張存在，但寧可避而不談的區域，什葉派新月是非常不尋常的詞彙。然而，阿布都拉國王明白教派主義構成的危險。二〇〇七年，也就是敘利亞內戰爆發之前四年，他接受報紙訪談時就提出頗具先見之明的警告：「如果教派主義深化、傳播開來，其破壞效應將反映在每個國家。它將培養分歧、極化和孤立主義。我們的區域將陷入後果無法預料的衝突。」

伊斯蘭內部分裂為遜尼派和什葉派始於西元七世紀，幾乎與宗教年代一樣久遠。兩派的分裂圍繞在先知穆罕默德於西元六三二年去世後，應該由誰來領導伊斯蘭。什葉派（Shias）的名字源自「什葉·阿里」（ShiatAli）、即「阿里的追隨者」（partisans of Ali）。他們認為領導權應該留在穆罕默德家族內，因此支持他的表親、女婿阿里·伊班·阿比·塔里布（Ali ibn Abi Talib）為哈里發。我們現在稱為遜尼派（Sunnis）的這一支並不同意，主張領導人應來自社群之內學識淵博的人士。西元六八〇年在今天伊拉克爆發的卡爾巴拉戰役（Battleof Karbala），遜尼派殺死阿里的一個兒子胡賽因（Hussein）之後，占了上風。

從此之後，每一派都認為另一派不是伊斯蘭的正統；譬如，什葉派只承認他們認為自先知、經阿里和胡賽因一脈相傳的宗教領袖。時間快轉一千四百年之後，差異在許多小地方但是信仰者認為很重要的地方相當明顯，使得兩派涇渭分明。

這都不是伊斯蘭教法，但是就一如世界上其他地方，幾百年下來，社群在不同的街坊組成，就會出現差異——而日常生活的小差異在政治上可以極度放大。給子女命名通常不會專只出現在一方，不過還是有個通則。譬如，某人若是名叫雅季德（Yazid），應該不會是什葉派，因為傳說中殺死胡賽因的人就叫做雅季德。在某些國家，從一個人的穿著打扮和鬍子長短就可以判斷是遜尼派或什葉派。進入虔信伊斯蘭的家庭，從牆上掛的畫像和貼紙就能得知他們屬於那一派。遜尼派和什葉派教士衣著不同——雖不尋常、但不是不可能看到遜尼派教士戴黑色頭巾。禱告的方式也不同：遜尼派禱告時手臂合起，什葉派則將兩臂放在身旁。

阿拉伯人多半是遜尼派，但是什葉派在伊朗、伊拉克和巴林占超過半數人口，而在黎巴嫩、葉門、科威特和沙烏地阿拉伯則明顯居少數，而他們集中在國家的東部地區。把他們團結在一起的是信仰伊斯蘭的「五功」（Five Pillars）[1]——通常這已足夠使他們和平共處，但身居少數的一派偶爾會抱怨受到歧視，無法進入政府機關服務或擔任其他公職。也經常出現緊張，地方及區域層級的暴力鬥毆偶有所聞。我們現在正活在一次暴力鬥毆當中。

證信（唸，即信仰作證）：穆斯林要至少一次公開作信仰表白，念清真言。

禮拜（禮，即謹守拜功）：一日祈禱五次。

齋戒（齋，即封齋節欲）：在齋戒月，從日出到日落禁食。

天課（課，即法定施捨）：捐獻作為義務稅項。

朝覲（朝，即朝覲天房）：至少一次到麥加朝聖。

在薩達姆・海珊（Saddam Hussein）主政時期，伊拉克由人口居於少數的遜尼派主導，當海珊被推翻後，什葉派團體變得更強大有力；兩派民兵都曾經發動多次炸彈和槍擊攻擊，藉以推進自己的政治目標。伊拉克比其他任何國家遭受更多的恐怖攻擊——二〇一六年就有將近三千起，造成九千多人喪生——伊斯蘭國是最大的元凶。美軍二〇〇三年入侵伊拉克之後，伊斯蘭國在伊拉克順勢而起，躍居為最惡名昭彰、勢力最廣布的恐怖組織之一，目前它的勢力遍及中東，包括敘利亞、利比亞、葉門和埃及。本地區絕大多數政府都明白，伊斯蘭國可以滲透進入其他地區，以其極端思想和暴力活動造成動盪，因此努力阻止動盪發生。

葉門在二〇〇五年爆發內戰，什葉派「胡塞武裝部隊」（即葉門青年運動組織，Houthi）叛變，反抗遜尼派政府，伊朗支持葉門青年運動組織，沙烏地阿拉伯等國支持遜尼派團體，同時蓋達組織和伊斯蘭國也捲入衝突。二〇一五年之後，戰事加劇，延燒全國，造成數千人喪生，三百萬人流離失所。到了二〇一七年十一月，聯合國國際兒童緊急救援基金會（UNICEF）形容葉門局勢是「全世界最悽慘的人道危機」，飢饉和霍亂爆發更是雪上加霜。

敘利亞沿著教派和族裔界線分裂為遜尼派、什葉派、阿拉威派、庫德族、基督徒、德魯茲教派等等。阿薩德總統的父親哈菲茲（Hafez）以強悍的世俗獨裁政府之姿統合國家，但在二〇一一年內亂爆發後，這些桎梏很快就被甩開。敘利亞內戰是全世界最暴力、最複雜的衝突之一，捲入其中的角色極多，包括來自俄羅斯、土耳其、美國和其他外國勢力紛紛參戰。伊朗支持阿薩德政府，沙烏地阿拉伯支持某些遜尼派叛亂團體。伊斯蘭國在此一衝突也扮演重大角色，不過到了二〇一七年底，它幾乎失去早先在敘利亞和伊拉克奪占的全部領土。交戰各方全都犯下滔天罪行；阿薩德政府甚至被控動用化學武器對付自己的人民。戰火延燒不休，以致國內有數百萬人流離失所，另有數百萬人輾轉逃亡出國淪為難民。

中東地區上述衝突及其他衝突也有另外的根本原因，但不容否認，宗教是分裂愈來愈尖銳的一個主要因素。目前遜尼派和什葉派之間的分歧，是數百年來最嚴重的。一部分是受到國家政治所驅動：遜尼派的沙烏地阿拉伯和什葉派的伊朗都想成為本區霸權，加劇對立。兩國之間的差異也出現在族裔上，一方是阿拉伯人，另一方多數是波斯人；當然也有大國之間常見的角力，但是雙方所使用的語言清楚透露教派色彩。強硬路線的遜尼派現在談起「薩法維人」（safawis）——這是阿拉伯語的波斯（伊朗）薩法維王朝（Safavid dynasty）——當年與遜尼派的鄂圖曼帝國對峙。兩國都想成為伊斯蘭國家的龍頭老大；他們有相互衝突的經濟政策，譬如對石油的生產和銷售意見相左，而我們也已經看到，他們在本地區其他國家爆發的宗教衝突時，各自支持不同的一方。雙方也互相指控對方支持恐怖團體及其活動。因此，在整個中東和北非，這個分裂的時代就成為興建高牆的時代。

沙烏地阿拉伯沿著南部和北部邊界興建數百英里長的圍籬。科威特的邊界也立起圍籬。約旦在與敘利亞接壤的邊界進行工事。北邊的土耳其也興建十英尺高、七英尺厚的圍牆；同時，利比亞的動盪也使得突尼西亞和埃及沿著邊界興建圍籬。

約旦興建的圍籬技術最先進，但興建的理由也最令人心酸。北邊敘利亞和東邊伊拉克的戰爭，造成數十萬名難民湧入這個國家。哈希姆王國（Hashemite Kingdom）在二〇〇八年開始強化邊防時，即深知伊拉克境內的動亂可能溢散開來。這是敘利亞爆發內戰的前三年，即使在當時，中東地區的不安定和國際恐怖主義的增長，已足以讓歐巴馬政府提議援助其盟國。起先，倡議相當溫和，計畫沿著敘利亞邊界、走私客常利用的一段三十英里長敏感地帶興建監視塔台。隨著敘利亞陷入混亂、伊斯蘭國頗有把恐怖活動帶進約旦的威脅，於是這個計畫擴大、經費也提高。約旦人口百分之九十五為遜尼派，伊斯蘭國意欲在這個脆弱又信仰虔誠的國家推動其極端思想。

華府當局由五角大廈國防威脅降低管理局（Defense Threat Reduction Agency, DTRA）撥款給「約旦邊境安全計畫」，雷神公司（Raytheon Company）拿到大部分的承包工程。現在沿著敘利亞邊界有一百六十英里長的高科技安全圍籬，配置了監視塔台、夜視鏡攝影機，以及可以偵測邊界兩側各五英里範圍活動的地面感應器。沿伊拉克的一百一十五英里邊界則有另一組規格相同的圍籬。國防威脅降低管理局的網頁指稱敘利亞和伊拉克都使用大規模毀滅性武器，網頁上寫道：「全世界徹頭徹尾嚇壞了。」又說該局興建的圍籬是「讓世界更安全並遠離大規模毀滅性武器的偉大範例」。

但網頁上並未說明，這些圍籬也讓約旦境內的美國軍事人員更加安全。官方說美國只有數十名軍人派駐約旦；事實上通常至少有好幾百人，不過他們都在約旦軍事基地內工作，外界看不到他們蹤影。只要他們是「派遣」、而非「駐在」約旦，這些虛構的低數字就能在官方文件上站得住腳。約旦雖是美國盟友，但是政府不希望被認為與這個超級大國太接近，避免煽起占其國內人口少數的伊斯蘭主義者的反美情緒。

沙烏地阿拉伯所興建的圍籬，比約旦的更長、耗資更鉅；但同樣是在美國援助下興建。「北方邊界項目」（Northern Border Project）涵蓋與伊拉克的五百五十英里的邊界——有三道圍籬、一個巨大的沙堤，三十二個「反應站」連接到七個配備有二百四十輛快速應變車的指揮暨控制中心。

沙烏地阿拉伯和伊拉克之間的關係相當不睦。許多伊拉克人責怪沙烏地阿拉伯輸出激烈的遜尼派伊斯蘭教義，導致伊斯蘭國成立，造成伊拉克遍地烽火和流血傷亡。自從薩達姆．海珊被推翻以後，什葉派主政的伊拉克已經日益向伊朗靠攏。然而在二〇一七年，為了使伊拉克疏遠伊朗，利雅德政府展開笑臉攻勢，甚至邀請伊拉克重要政客到訪。兩國之間的關係近年來已有改善，不過就目前而言，伊拉克仍然較傾向伊朗。

沙烏地阿拉伯也在南方沿著葉門邊界興建圍籬。工程始於二〇〇三年，和約旦沿伊拉克邊界蓋圍籬的用意相仿，是為了防止走私武器與偷渡客從赤貧的葉門流入較富裕的沙烏地阿拉伯。起先沙烏地將注意力放在防堵車輛進入，在其西南部山區地形過境地區布署沙袋和鋼筋水泥障礙。二〇〇九年，當葉門什葉派的葉門青年運動組織叛軍越界發動攻擊，殺死兩名沙烏地衛兵之後，沙烏地阿拉伯便在首都利雅德興建配置電子感應器的圍籬，防止人們以步行方式從約一百英里長的邊界越境。葉門青年運動組織的軍事行動是為了在葉門達成更大的自治，但行動偶爾會越界波及沙烏地阿拉伯的吉贊省（Jizan），導致沙烏地人的反抗。當沙烏地認定他們的宿敵伊朗替葉門青年運動組織撐腰，雙方敵對更形升高。

葉門內戰爆發後，蓋達組織得以在葉門境內強化地位，利用葉門做為跳板，運送人員進入沙烏地阿拉伯。因此，沙烏地阿拉伯目前面臨三重問題：什葉派葉門青年運動組織戰士跨越邊界攻擊，非法移民偷渡，以及誓言要推翻皇室的蓋達組織，全都在南部邊界蠢蠢欲動，因此興建圍籬就更形必要。但即使蓋了圍籬，東邊沙漠地帶仍有數百英里的邊界敞開，不過這地區因距離遙遠，地理環境險惡，偷渡客很難躲過巡邏，因此較少人試圖由此跨越邊界。

除了邊界問題，沙烏地阿拉伯也很清楚內部分歧的威脅。雖然國內人口絕大多數是遜尼派，什葉派在全國三千三百萬人民中最多占百分之十五，這些少數民族大部分集中在東部省份，也是沙烏地阿拉伯大部分油田所在地。什葉派集中的省份近來日益躁動：他們認為什葉派社群分配到的經費太低，也無從參與國家生活——政府否認這些指控。鑒於此一潛在的麻煩源頭——葉門局勢持續動盪以及伊拉克的四分五裂，沙烏地阿拉伯目前毫不考慮拆掉它建造的圍籬，而且一再想方設法強化。

儘管海珊在二〇〇三年垮台，但兩國有長久的衝突歷史，科威特也熱切地在沙烏地和伊拉克之間保持緩衝。科威特是根據一九一三年英國和鄂圖曼帝國訂定的條約而成立的大公國，但是伊拉克政府從不接受這個由英國人畫設的邊界，不時宣稱科威特這個盛產石油的國家是伊拉克的第十九個省份。

伊拉克部隊於一九九〇年入侵科威特，但被美國所領導的盟軍趕走。科威特旋即在兩國之間的沙地上興建圍籬。沿著整個邊界興建縱深六英里的障礙物，包含三道平行的沙堤。部分圍籬上方加裝刺絲網，並在前方挖掘拒阻坦克的壕溝，以防止伊拉克人入侵。但在二〇〇三年，美軍第二次興兵攻打伊拉克時，卻成為美國人必須克服的障礙。這是一場大型作戰，必須同時在好幾個地方突破沙堤，而且不能讓伊拉克守軍能攻擊單排前進的車隊、阻滯攻勢。美軍只好把它們拆了，一萬輛汽車跨過邊境，向巴格達挺進。

翌年，伊拉克不再對科威特構成戰略威脅，但科威特人仍然希望在邊境有全新、更好的障礙物。在聯合國監督下，雙方同意了地點，從伊拉克邊境城市烏姆．蓋薩爾（Umm Qasr）興建一道一百三十五英里長的圍籬，直到伊拉克、科威特和沙烏地阿拉伯三國邊界交會的三角地帶。和中東其他許多國家一樣，科威特試圖保衛自己，不讓伊拉克的動亂擴散，並且制止非法移民進入這個比較富裕的經濟體。

同時，土耳其因擔心敘利亞帶來威脅，也沿著部分邊界興建圍牆。這道圍牆還配上壕溝、照明系統、監視塔台、監視汽球、熱感應設施、雷達、目標搜索系統，最妙的是還有綽號響尾蛇二號的裝甲車沿著圍牆巡走，但它們加裝了可升高的攝影機以窺探高牆另一端的動靜。土耳其政府站在反阿薩德政權這一方，積極介入敘利亞內戰，現在也努力制止難民和恐怖份子由敘利亞進入土耳其。但是在敘利亞內戰中，土耳其還有另一層憂慮，就是參與內戰的庫德族勢力愈來愈強大。

當我們談到中東時，通常想的都是「阿拉伯人」，彷彿兩者互可代換，或者是一塊巨碑。事實上中東地區有無數的民族、宗教、教派和語文，也有庫德族、德魯茲教派、亞茲迪教派（Yazidi）和凱爾丁天主教派（Chaldean）等少數教派。

庫德族是最大的少數民族，在中東地區約有三千萬人。估計數字容或有出入，但一般認為敘利亞境內有兩百萬人，伊拉克有六百萬人，伊朗有六百萬人，土耳其境內更高達一千五百萬人。人們常說他們是全世界沒有國家的最大一個民族，除了分布在不同國家之外，又可細分為約一百個部落，信奉不同的教派、說好幾種不同的語言，甚至再細分為不同的方言、字母和文字。

目前已經有組織推動庫德族建國運動，但是鑒於他們本身的分歧、地理位置和現有國家的反對，庫德族人不太可能由一個國家統一。二〇一七年，伊拉克庫德斯坦地區舉行不具拘束力的公民投票，支持獨立，應該是邁向庫德族大夢的一步。但是，土耳其和伊朗絕不容許統一的庫德斯坦占有他們任何一寸國土。伊拉克中央政府針對獨立公投的反應是派出軍隊攻占庫德族人控制的產油城市吉爾庫克（Kirkuk），行動發出的訊息很強烈：獨立建國或是由傳統上庫德人主導地區擴張的計畫，都不會被允許。庫德族人本身在伊拉克境內也分裂為兩大陣營，在其他領域也有類似的分歧。同時，庫德族人在他們今天散布的各國之內都遭受歧視。伊拉克境內的庫德族人對海珊的「社會主義」復興黨（Baath Party）印象尤其惡劣。復興黨在一九八〇年代殘酷的安法爾（Anfal）軍事行動中，使用毒氣殺害他們數千同胞，[2]又在下一個年代殺害數以千計的庫德人。

這種殘暴的威權主義在中東地區各國政府並不稀奇，許多人——不只是庫德人——遭受虐待。阿拉伯世界究竟怎麼一回事？我們可以說它樣樣不對勁。究竟嘗試了哪些方法來解決這些問題？可以說是樣樣都試了。

問題的原因很多。譬如，我們看到宗教造成重大分歧。殖民主義新興民族國家成立時，殖民主義造成邊界畫定時全然不顧區域內傳統的文化差異——不同的民族被不同政權治理，卻被要求向同一個實體效忠，偏偏他們覺得自己與這個實體沒有什麼關聯；同時還有些人原本同一個族群卻被硬生生分拆。中東區域的地理沒有提供太多天然財富給大多數地區，而受到石油庇蔭——或許你的觀點認為是受到詛咒——的地區也沒有平等分享利潤。產油國家的財富通常被國內菁英胡亂揮霍，因此人民普遍貧窮，也普遍缺乏經濟和社會的進步。

埃及統計學者納德・佛加尼（Nader Fergany）率領一批著名的阿拉伯知識份子，在聯合國開發署（United Nations Development Programme）的贊助下，完成〈二〇〇二年阿拉伯人道發展報告〉，非常精彩地總結二十二個阿拉伯國家的狀況。報告指出，教育水準和平均壽命提升，嬰童夭折率下降，但是正面消息大概也就這麼多。作者群從統計數字中剔除掉一項傳統的成功指標「人均所得」，因為少數國家龐大的能源財富只為少數人享有，扭曲了數字。他們加上網際網路的使用率和自由度，創造出「另類人道發展指標」（Alternative Human Development Index）。他們斬釘截鐵下了結論：「這個地區比它的開發程度更加富裕。」

他們特別標示出抑制本區域發展的「三大赤字」：第一，因為缺乏某種自由，阿拉伯世界跟不上全球在科學、政治思想和比較宗教學方面的知識。本地區很少有從其他文字翻譯成阿拉伯文的書籍自由流通於市面。第二，與前者相關聯，沒有擁抱通訊傳播的發展以散布已有的知識。第三，婦女參政和投入工作職場的比例在全世界敬陪末座。

在大多數阿拉伯國家缺乏公民權利和言論自由，又公然審查各種言論表達，回過頭來就造成，雖然在教育上投入合理的經費，錢卻被誤用和濫用，結果當然就很差。報告指出，過去一千年翻譯成阿拉伯文的書籍，比西班牙在一年內翻譯成西班牙文的書籍還更少。並且只有百分之〇．六的人口使用網路。

新世代的阿拉伯進步派知識份子和政治人物把這份報告視為警鐘，但進步派在阿拉伯世界是少數，他們還未位居要津，不能促成正面改革。幾乎已經過了二十年，情勢更加惡化。到了二〇一六年，根據聯合國〈阿拉伯開發報告〉，網路滲透率已經大幅增加到百分之五十以上，但是整體而言，「三大赤字」仍然牽制住中東地區。阿拉伯各國政府仍然殘暴地欺壓異議人士，個人自由仍然受到限縮，外在世界的許多思想仍然不受歡迎，而今有十一個阿拉伯國家陷於內部衝突。

許多阿拉伯學者把這些問題和缺乏自由歸咎於所謂的「阿拉伯人關閉心智」，指的是終止ijtihad。ijtihad 直譯為「努力」，但它涉及對不全然由《古蘭經》（*Koran*）或《聖訓》（*Hadith*）——先知穆罕穆德言行紀錄——所涵蓋的宗教問題之詮釋。早先幾個世紀，任何博學的穆斯林學者可以對宗教問題提出原創想法，但是在遜尼派阿巴斯哈里發（Sunni Abbasid caliphate, 750-1258）末期，官方宣布ijtihad 的門關了。此後，對於前人世代的偉人所定下的法律和詮釋不得提出質疑。

有一派主張，這種「關閉」牽制住阿拉伯世界，在現今世代變成阿拉伯社會內部最大的分歧之一，有一派人尋求改革，另一派人則堅守傳統。如果這個理論成立，那我們就得很費勁解釋，為什麼同樣缺乏自由和人權的其他文化，在科技和經濟進步上能夠發展、並且挑戰西方國家；新加坡和中國立刻浮現在我腦海裡。阿拉伯文化的確深刻尊重傳統和權威，比許多其他地區較不開放、不能接受改革。沙烏地阿拉伯新任王儲穆罕默德．賓．薩爾曼（Mohammed bin Salman）——一般人稱呼他MbS——似乎力圖改變這個現象。沙烏地阿拉伯國王薩爾曼．賓．阿布都阿濟茲．阿爾．紹德（Salmanbin Abdulazizal Saud）顯然經過慎思熟慮，冊封他三十二歲的兒子王儲頭銜，賦予重大權力。父子倆似乎已經得出結論：以目前的經濟基礎和社會規範，王國無法永存。王儲發表他的〈前瞻二〇三〇〉經濟模式，要讓沙烏地的經濟多元化、不再獨重能源產業。重大改革之一就是引起極大爭議的一項作法：允許婦女自二〇一八年中期起可以開車，因為他體認到現代經濟體不能忽略百分之五十的勞動力。二〇一七年底，他更進一步肅清強硬路線派。穆罕默德王儲偕同波斯灣國家其他盟友，如阿布達比（Abu Dhabi）的王儲穆罕默德．賓．札義德．阿爾．納楊（Mohammed bin Zayed al Nahyan），正在試圖打破傳統的桎梏，但是也曉得必須步步為營。兩位王儲的作法現在極受其國內年輕世代的支持。

在政治上，阿拉伯人已經試過民族主義和仿造的社會主義，他們也經歷過強人統治。在伊斯蘭國聖戰士統治之下的生活也證明是失敗的，另外有些國家則生活在皇室世襲統治之下。所有這些政權，後者似乎最為穩定。儘管有語言統一的有利條件，但所有阿拉伯人嘗試過的制度都無法成功地將他們團結在一個能夠和平相處的成功的民族國家之中。

阿拉伯世界大統一的美夢見諸於一九一六年的阿拉伯大起義（1916 Arab Revolt）。但是它只是一場夢，而且人民之間的分歧幾乎意味著統一絕對不會實現。阿拉伯教授法瓦茲・葛吉斯承認，前景黯淡：「阿拉伯統治者一再地為勢力和權力相互交戰，經常干預別人的事務……這些激烈的敵對對阿拉伯國家系統產生衰竭的效應，造成混亂和內戰。系統已經崩壞。」

阿拉伯世界並沒有堅強的民主平台可以在建設其上，阿拉伯民族國家也無法贏得多數人民的效忠。二〇一六年的聯合國報告：「年輕人深受固有的歧視和排斥感所影響」，從而「削弱他們對維護政府體制的承諾」。

我們已經看到歐盟的大廈出現裂痕，造成部分倒退回民族主義。中東的不同在於，阿拉伯人較少民族國家概念，也沒有完全擁抱個人自由的理念；因此，政府體制崩解時，許多人撤退回到民族國家的前身——宗教、族裔和部落。

當遜尼派、什葉派和部落、族裔都撤退到他們實質的和心理的高牆背後，民族國家也式微之際，宗教給予他們自尊、認同和確定性。在這個基礎上，伊斯蘭主義者可以建構一種世界觀，根據這個世界觀，社會主義、民族主義，或甚至民族國家本身都是癌症，只有伊斯蘭才是解答。他們在自身四周建立意識形態高牆，牆愈蓋愈高，以至於在高牆背後的人再也看不到牆外情況。如此自囚在狹隘思想當中，某些人開始看待「他者」是「異端」、「卡菲爾」（kafir）[3]、「不信神」、「薩法維」，只配被征服或被殺。一旦封閉久了，就很難復原。

對於這種情況有一種解釋，認為是貧窮和教育程度差所致。這兩個因素都不能忽視；但是，它們過於被賦予重要性，從而產生一種想法，以為只要消除貧窮和改進教育，就可以消除伊斯蘭主義意識形態。這沒有考量到有極大多數受過高等教育的聖戰士，每年有許多大學畢業生——尤其是具有理工科學位者——加入其行列。也解釋不了為什麼某些最暴戾的意識形態源自本區域最富裕的國家——沙烏地阿拉伯。毫無疑問，較高的生活水準、較高品質的世俗教育，是一部分解方，但是挺諷刺的是，在這兒又需要另一堵高牆，在絕大多數成功的現代社會都有這道高牆存在——宗教和政治應該隔離。

由於伊斯蘭是無所不包的生活方式，許多信徒發現很難把宗教和族裔從政治抽離出來。《古蘭經》中沒有耶穌的精神——「凱撒的歸於凱撒，上帝的歸於上帝」。沒有政教分離，宗教法往往支撐或甚至主宰世俗法，並且占優勢的宗教或教派會設法確保他們版本的宗教和法律受到遵奉。

反之，在歐洲，依循族裔或宗教界線組織的政黨大都已被消滅。絕大多數的政黨吸引跨越社會廣泛、多元部門的支持，而宗教在政府和決策上沒有扮演太重要的角色。

然而，在中東，對於「世俗政治」的記憶卻是暴君獨裁統治的經驗——敘利亞和伊拉克的復興黨就是例證。兩者都偽裝成世俗的社會主義政黨，超越族裔和宗教分歧，但兩者都殘暴的鎮壓其人民。這導致某些人不信任世俗政黨有能力保衛他們的利益，轉而投向支持其宗教的政黨。

目前阿拉伯國家和人民仍然分裂，飽受其國家內部及跨國衝突的蹂躪。沙烏地阿拉伯和伊朗在地緣政治的區域戰中爭雄，當作戰到達地方層級時，反映古代的什葉派與遜尼派之爭，接著又蔓延到國境之外的衝突。因此中東區域的許多衝突——譬如伊拉克的戰爭——允許同樣的裂縫浮現，造成暴力和極端主義蔓延越過邊界。陷入漩渦當中的是少數民族，如基督徒、亞茲迪教派和德魯茲教派。

泛阿拉伯團結的美夢已經變成泛阿拉伯分裂的噩夢。一旦這些教派分裂的妖魔鬼怪被釋放出來，猜疑和畏懼「他者」的心理要花上許多年、甚至好幾個世代才能扭轉。像敘利亞這樣拼湊起來的民族國家已經撕裂，而任何新實體的設計仍不明朗。新世代受過良好教育的都會阿拉伯年輕人，想要擺脫分歧，不過歷史的包袱擋住了他們。

一九七七年埃及總統安華爾·沙達特（Anwar Sadat）在以色列國會演講時，針對以色列和阿拉伯的衝突說了以下這段話；經過四十多年之後，它仍然適用於整個中東地區。「可是，現在還有另一道高牆。這道高牆構成我們之間的心理障礙；一道猜疑的障礙；一道排斥的障礙；一道恐懼、欺騙的障礙；一道沒有任何行動、作為或決定的幻覺的障礙。」

譯註

1 伊斯蘭教的五功要求穆斯林做到「唸、禮、齋、課、朝」，即「證信、禮拜、齋戒、天課和朝覲」。

2 兩伊戰爭末期階段，從一九八六至八九年期間，伊拉克海珊政權對境內庫德族人展開的種族屠殺活動，於一九八八年達到頂峰。據估計有五萬至十八萬庫德族人喪生。

3 阿拉伯語 kafir 意即「拒絕者」，在伊斯蘭裡即指非穆斯林、異教徒。

第五章
印度次大陸

「和所有的高牆一樣，它曖昧不明，具有兩面。一面在牆裡頭，一面在牆外頭。端視你站在哪一面而定。」

——娥蘇拉・勒瑰恩（Ursula K. Le Guin），《一無所有》（*The Dispossessed*）

印度和孟加拉的邊界有全世界最長的邊界圍籬，沿著兩國之間二千五百英里長的邊界而建。可以說，印度把這個比它小得太多的國家徹底包圍起來，唯一不受包圍的是孟加拉灣三百六十英里長的海岸。圍籬從孟加拉灣蜿蜒北上，沿著相當平坦的地形，直抵靠近尼泊爾和不丹的高山地帶，接著右轉，沿著孟加拉北方走，再向南轉折，穿過森林濃密地區，再回到海邊。邊界圍籬穿過平原和叢林、經過河流、跨過山嶺。圍籬兩邊都是人口極度稠密地區，其中甚至有許多地方的土地一路耕種到靠近圍籬邊，換句話說，稻穀經常碰到分界線。

數百英里長的雙層障礙物，其中一部分為刺絲網，一部分為圍牆；有一部分通電，一部分有探照燈。有些地段，譬如西孟加拉（West Bengal），長度約占邊界的一半，圍籬配備了智慧感應器、方向偵測器、熱感應設備，以及連結到人造衛星信號指揮系統的夜視鏡攝影機。

印度人正在努力改進其系統，試圖從倚賴大批部隊不間斷地巡邏漫長邊界，升級為可以輕易找出圍籬缺口、派遣機動小組的系統。和世界其他地區的邊界一樣，原先以數百個工時進行監督、報告的流程，已由科技簡化成為立即反應的行動。即使位於控制室數英里外的感應器被觸動，幾分鐘之內無人機就能飛抵現場，巡邏隊也迅速馳赴支援。科技日新月異年年都能有所突破。

儘管如此，印度的圍籬對於遏止偷渡仍起不了作用。就算有刺絲網，印度的邊防警衛隊也奉命對越界者格殺勿論，甚至已有數百名企圖潛入印度的偷渡客死於其手，人們照樣放膽一試，不但有人想潛入，也有許多人在印度非法居留多年後又想偷偷闖關回孟加拉。二〇一一年，這位十五歲的少女斐拉妮．卡屯（Felani Khatun）即是闖關不成、不幸喪生邊防槍下的例子。

由於法律複雜，加上申請文件所費不貲，斐拉妮的家人在沒有護照或簽證的情況下，就進入印度非法居留打工。為了返鄉省親，斐拉妮和父親付了走私客五十美元帶他們偷渡回孟加拉。天剛破曉，邊界圍籬還籠罩在薄霧當中，走私客在圍籬上架了竹梯，她開始攀爬。但披肩勾到刺絲網。她一驚慌便大喊向父親求救。而在此之前，印度已經遭逢多起恐怖份子滲透入境事件，邊境安全部隊（BSF）一名邊防守衛依格殺勿論令開槍。斐拉妮掛在圍籬上血流不止，哀嚎了數小時等到太陽升起、薄霧散去，守衛還能看到、聽到她呼號著要喝水，最後才失血過多氣絕身亡。這是一個悲慘的案例，一個花樣年華少女的慘死吸引了國際注意，紛紛譴責印度的格殺勿論政策。但無可避免的是，注意會隨時間淡去，但政治卻依然存在，圍籬也屹立不動。斐拉妮的慘死印證了這類障礙物造成無數人喪生。然而印度在這方面並不特殊，全世界各地因偷渡不成喪生的案例日益增加。里斯・瓊斯（Reece Jones）指出，「由於邊界安全措施趨嚴，二〇一六年邊界死亡人數創下紀錄（全球死者七千二百人）」。

印度在孟加拉邊界設置圍籬的理由如下：防止武器和走私貨品偷渡入境；嚇阻叛軍跨越邊境；首要目的是防堵造成印度動亂和外國人大量被殺的非法移民入境。但是這是個動盪不安的區域，移民並非唯一問題。印度次大陸的分歧一如我們在世界各地看到的分歧，一部分源自殖民列強恣意畫分邊界所致，再加上本區域的宗教和族裔歧視及政治現實而複雜萬端。許多的宗教分歧可以上溯到中世紀時期穆斯林在印度的統治。

第一批伊斯蘭侵略者由中亞進入後，絕大多數的印度教徒的人民大量改信伊斯蘭，但是地廣人眾的為入侵者帶來困難；就和中國一樣，外來勢力若不建立同盟，幾乎不可能全面控制印度。因此，雖然有數千萬人改信伊斯蘭，卻仍然有數億名印度教徒。即使在蒙兀兒王朝（Mughal Dynasty, 1526-1857）時期，穆斯林勢力幾乎擴張到整個印度，但征服者後來發現了日後英國人同樣也明瞭的現象：為了取得次大陸財富的優勢，將不同區域分而治之，要比尋求絕對權力集中容易得多。塔爾沙漠（TharDesert）以西和恆河三角洲（GangesDelta）盆地——正好是今天巴基斯坦和孟加拉——這裡過半數的人改信伊斯蘭，但是幾乎其他所有地方過半數人仍然信奉印度教。

一九四七年，英國勢力撤出，印度的建國英雄，尤其是聖雄甘地（Mahatma Gandhi）這時有個建立多元信仰的民主國家的想法，領土西起興都庫什山脈（Hindu Kush Mountains）、東抵若開山脈（Rakhine Mountains）；北起喜馬拉雅山、南抵印度洋。然而日後成為巴基斯坦第一任領導人的穆罕默德・阿里・真那（Muhammad Ali Jinnah），卻認為穆斯林新國家將成為少數民族，因此主張有個「由穆斯林擁有的穆斯林國家」，並且協助畫定邊界，這個邊界一部分是依宗教界線而非地理因素分畫。最後邊界是由英國人畫定，把絕大多數的穆斯林地區分割出來。因此，這一年出現了印度和巴基斯坦兩個國家，而後者又分為東巴基斯坦和西巴基斯坦兩大地區。當宗教區分成了地理區分，不但在心靈上，也在地貌上畫分了界線。

邊界經常切割既有的社群，也會有某種程度的混居現象，因此許多人被迫遷徙。一九四七年南亞次大陸的大分裂伴隨著慘烈的流血事件。在人口大移動期間數百萬人遭殺害，錫克族（Sikhs）、印度教徒和穆斯林紛紛搬遷到他們覺得安全的地方。所有涉及的國家在心理上都未復原；過去他們之間的分歧屹立不搖，現在更加明顯了，於是紛紛興建圍牆、裝上刺絲網，分隔彼此。

印度是一塊吸引移民的磁鐵。印度是民主國家，法律保障少數民族，相對於鄰國，經濟相當繁榮。難民和非法移民從阿富汗、斯里蘭卡、緬甸、西藏、巴基則坦和孟加拉紛紛湧入。中國於一九五一年兼併西藏以來，至少有十一萬西藏人流亡印度；二十世紀斯里蘭卡爆發內戰後，也有約十萬名塔米爾人逃亡到印度；阿富汗大動亂也造成難民穩定流入印度。不過到目前為止，最大多數的外來移民來自領土三方被印度包圍的孟加拉。

自一九四七年印巴分家以來，一波又一波人潮從當時的東巴基斯坦跨境進入印度，為逃避政治迫害、宗教不寬容和經濟困境，但在東巴基斯坦和西巴基斯坦爆發武裝衝突後，湧入印度的人數大幅增加。只要看地圖，立刻可明瞭東巴基斯坦和西巴基斯坦兩者為何注定不會是單一國家。它們相隔一千三百英里，位於不同的地理和語文區。在西巴基斯坦政府長年的歧視之後，東巴基斯坦的孟加拉人開始蠢蠢欲動，想要獨立。西巴基斯坦政府試圖以血腥鎮壓，在後續的暴動中，數百萬孟加拉人喪生，又有數百萬人逃入印度。在今天，據估計每年至少有幾千名偷渡者。

孟加拉人大都生活艱困。約百分之十二．九人民生活在亞洲開發銀行所界定的全國貧窮線以下。儘管解決貧窮的方案已取得長足進展，但是數千萬人的生活仍然極端艱困。農村地區的工作不外乎累死人的農作勞動，因此城市出現大塊貧民窟以收容進城尋找工廠工作的窮人。印度教徒和基督教徒等少數民族說他們遭到迫害，整體而言，在激進的伊斯蘭主義者煽動下，宗教不寬容日趨升高。不斷有報導傳出，印度教徒被迫改信伊斯蘭，以及年輕女孩被綁架的消息。孟加拉憲法不承認少數民族的地位。憲法第四十一條保障宗教自由，但事實上，過去幾年極端份子團體攻擊數十座印度教寺廟，燒毀數百棟住家，對數千民眾施加暴力。很自然地，許多人因此逃往印度教徒居多數的印度。此外，孟加拉每年都有暴雨和洪災發生，這麼多人選擇跨過邊界，答案顯而易見。

然而，對許多人而言，這不只是單純為生計或逃避迫害的遷徙：印、孟邊界數百年來本就沒有實質分界，卻硬生生將共同生活的社群分隔開來。某些人的語文和文化相似——鄰居卻是外國人，他們並不習慣這一回事——自從印、巴分治以來，他們還是繼續跨境來往。

正確的數字很難估算出來，但絕大多數估計認為本世紀從孟加拉永久遷徙到印度的人數超過一千五百萬人。這一來為印度最鄰近邊境的幾個省——西孟加拉、阿薩姆（Assam）、梅加拉亞（Meghalaya）、米卓拉姆（Mizoram）和特里普拉（Tripura）——造成了極大的問題，這裡是大多數孟加拉人（絕大多數是穆斯林）定居的省份，但是在印度全國所有大城市中都有孟加拉非法移民的足跡。其中受影響最深的省份是印度東北部的阿薩姆省。在孟加拉獨立戰爭期間，逃入印度的大多數是印度教徒，但是不久之後，愈來愈多穆斯林也跟進逃來。從一九七一年至一九九一年，穆斯林人口增加了百分之七十七，由三百五十萬人躍升至六百三十萬人，造成阿薩姆省反穆斯林族裔的大反彈，本地人抱怨不僅工作和居住出現壓力，他們的認同和文化也受到挑戰。一些印度教徒只因為新來者不是阿薩姆人，不問他們的出身背景，把所有弊端全都怪罪到他們身上。在此種反彈中，穆斯林成為主要受害者。基本上只能說是小差異，譬如吃豬肉或牛肉，但在緊張升高時都被會上綱成大問題。

一九八二年，阿薩姆省爆發大規模的反孟加拉人示威，民兵隊成立，最後引發暴動，數以千計的非阿薩姆人遭到屠殺。穆斯林在這場暴動中受害最深，但是一如眾多案例，暴動中的人們不會去細分族裔或宗教群體。總理英迪拉・甘地夫人（Indira Gandhi）提出在邊界興建刺絲網圍牆的計畫，後來由她兒子拉吉夫・甘地（Rajiv Gandhi）所領導的政府承諾將付諸行動。

阿薩姆是了解印度所面臨的種種問題極佳的實例。和其他地方一樣，阿薩姆地形的性質使它幾乎不可能完全確保邊界安全。和孟加拉邊界只有一百六十三英里，但部分邊界是布拉馬普拉特河（Brahmaputra River），每年鬧洪水、改道，很難確立永久性的界碑。

自一九七一年以來，阿薩姆人口增加一倍以上，從一千四百六十萬激增至超過三千萬人，其中大部分是非法移民遷入。印度民族主義者認為到了二〇六〇年，穆斯林可能占本區域過半數以上人口。二〇一五年的印度教徒有一千九百萬人、穆斯林有一千一百萬人，二十七個地區已經有九個地區的穆斯林占超過半數。同樣重要的是，二〇一七年的人口普查顯示，阿薩姆族裔在本省全部人口中已經是少數民族，而隨著外地人持續湧入，比例將更加降低。

一九八二年在血流成河的動亂之後，印度國會在一九八五年通過阿薩姆協議（AssamAccord），由中央政府和省政府及三年前掀起動亂的暴力組織領導人共同簽署。協議是為了降低移入本區域的人口，並回溯至一九七一年的巴基斯坦戰爭。一九七一年之前抵達的人在某些條件下可以留下來，但在當年三月二十五日——即巴基斯坦軍隊開始全面鎮壓百姓——之後所有進入阿薩姆的外國人，統統都遭追查並驅逐出境，這是因為到了一九八五年，孟加拉的情勢已夠安定讓難民回國。

然而，這個安排起不了作用。戰爭期間逃出孟加拉的一千萬人當中，數百萬人仍留在印度，而且有不少人繼續前來。因此長年下來，圍籬愈蓋愈長、愈蓋愈高，也愈蓋愈高科技化。中央政府集中力量興建圍籬，而非執行阿薩姆協議，以及建立解決方案的法律架構。一路下來，人命犧牲數字一路攀高；根據「人權觀察」組織（Human Rights Watch）的估計，本世紀頭十年，約九百名企圖偷渡的孟加拉人命喪印度邊境安全部隊之手。

只要抱定決心、肯冒風險，大部分的人都能如願進入印度。但是一進入印度，就會發現自己陷身法律噩夢中。印度沒有一套有效的中央級的難民或非法移民法律，也沒有簽署一九五一年聯合國難民公約（UN Refugee Convention），理由是公約並沒有考慮到這個區域問題的複雜性。因此，所有的外國人都受到一九四六年《外國人法》（Foreigners Act）的管轄。《外國人法》把外國人定義為「不是印度公民的人」，這樣的定義可能簡潔扼要，但在決定誰是真正的難民、誰有資格獲得庇護、誰是經濟移民時，卻毫無作用。

問題一直得不到解決——印度人的憤恨不滿、移民本身地位的模糊不清——凸顯出世界各地皆缺乏適當的制度，來處理人口大量流入都會時將出現的問題，尤其當情況是從一個開發中國家向另一個開發中國家湧入，問題就更形嚴重。

印度負責國外情報偵蒐的機構「研究分析處」（Research and Analysis Wing）前任處長桑吉夫・特里

帕提（Sanjeev Tripathi）認為印度需要一套新法律界定何謂難民和非法移民。這套法律也必須和孟加拉達成協定，讓達卡政府帶回孟加拉人並給予身分證明文件，然後配合「協調一致的行動，偵訊孟加拉移民，將他們依不同型態的難民和非法移民分類，進而重新安置或遣送返國，並且防止再流入印度」。他認為目前的制度「大大改變了印度東北省份的人口模式，使本地人感受到外來人全面壓倒性的優勢。這對他們的生活方式產生不利影響，也導致雙方之間暗流湧動的緊張」。

這個問題的法律層面可以透過國內政治意志達成，但需要來自孟加拉的外交合作卻是困難重重。這不僅涉及到遣返移民需要的行政文件很難申辦成，還有許多故事顯示孟加拉衛兵把想要回國的孟加拉人趕回印度，尤其當他們是印度教少數民族時。

要查緝這些被認定是非法移民的人，又豈是容易之事？他們有數百萬人之多，在印度社會生根已久；他們通常持有所謂的 aadhaar 身分證，就身分辨認而言，並無法從證件分辨誰是孟加拉人、誰是印度公民，不過持有所謂的 aadhaar 的身分證的人並無法享有印度公民的待遇。再者，在印度西孟加拉省等地區，問題也很棘手，因為孟加拉人和西孟拉加人的外貌和語言很難區分。

印度政界對於是否該給予因逃避迫害而來的孟加拉印度教徒公民權，也爭執不休。當印度民族主義政黨「印度人民黨」（Bharatiya Janata Party, BJP）取得執政權時，曾思考過這個問題。印度人民黨二〇一四年的宣言有下列文字：「印度應該是所有被迫害印度教徒與生俱來的家，他們來此尋求庇護時應該受到歡迎。」然而印度人民黨腳步很遲疑，因為它很清楚，雖然穆斯林移民是邊境省份相當關切的問題，但各省對所有的外來者都懷有某種程度的敵意。

眾多印度人民黨政府的支持者對於該怎麼做有強烈的主張，他們要求制定在某些人可能十分嚴格的政策。譬如，他們主張以刑法懲處收容非法移民的人；以及如果非法移民不肯自願向當局登記，就禁止他們工作。二〇一四年印度全國大選時，印度人民黨領袖納倫德拉．莫迪（Narendra Modi）一再保證他將收緊邊界控制，也對來自孟加拉的非法移民提出警告：他們必須「打包回國」。選後，莫迪出任總理。

二〇一七年，印度人民黨黨主席阿密特．夏（Amit Shah）指控反對黨國民大會黨的政客，認為國大黨政客反對遣返，是為了讓阿薩姆省成為孟加拉的一部分，而許多政府要員將這個問題視同為重大國家安全問題。從印度安全稜鏡看出去，這個問題像是：巴基斯坦對於印度幫助孟加拉贏得獨立無法諒解。為了離間，它推動所謂的「前進戰略縱深」的策略，鼓勵非法移民，也贊助來自孟加拉的跨境恐怖活動，支持類似「伊斯蘭聖戰運動」（Harkat-ul-Jihadal-Islami）和「孟加拉聖戰士集會」（Jamaat-ul-Mujahideen Bangladesh）」等團體，以及這些團體將數百名戰士滲透進入印度的活動。理論又認為，藉由改變印度毗鄰孟加拉的邊境各省印度教和穆斯林的人口結構，將導致這區域組織政黨，要求自主，最後變成獨立，因此創造出另一個新的穆斯林國土。從西孟加拉省成立的這個想像的未來國家，就連國名都有了，叫做「班固博密」（Bango Bhoomi）。因此理論的結尾是，印度將因而弱化、巴基斯坦則在孟加拉附近成立據點。

支持有班固博密這個計畫存在的人士，拚命想找出具體事證，卻只能指出人口不斷變化的情形來支持他們的論點。就國與國的層面而言，印度和孟加拉之間的關係是相當親密的，但是印、巴分治之後南亞次大陸內部的政治因素作祟，印度教和穆斯林民族主義相互角力，意味著政客必須經常迎合認同意識的情緒。

不論班固博密的理論是否為真，許多非政府的邊界控制專家認為，圍牆和圍籬在防止人民流動上作用有限，在對付恐怖主義上，特別沒有效果。關於這一點，瓊斯說，儘管花費大量經費興建印度和孟加拉邊界高科技新圍籬，但它對恐怖份子的滲透「可能毫無影響」，因為「恐怖份子通常有錢買假證件，堂而皇之從檢查哨越過邊境，或是以有效證件旅行」。他也觀察到，「恐怖主義的威脅被用來當做興建圍牆的理由，但其實真正的問題幾乎都是窮人未經核准的遷徙移動」。無論如何，班固博密的議論在孟加拉並不受歡迎，孟加拉認為印度興建圍籬是一種傲慢、氣勢凌人的舉動，危害彼此關係。

無需驚訝，許多孟加拉人覺得被印度團團圍困：東、西、北三面被印度圍籬隔離，南方則是孟加拉灣、大海。而且大海每年還節節逼近。

孟加拉是全世界人口密度最高的國家之一。它的面積比美國佛羅里達州還小，但是人口卻有一億六千五百萬，而且還在迅速增長，佛羅里達州人口區區兩千萬。孟加拉國土絕大部分位於恆河三角洲，和海平面等高。它有數百條河流，許多河川年年鬧洪災，數百萬人無家可歸。洪水一退，絕大部分人會選擇回到他們的土地；然而，許多氣候專家預測，八十年內土地溫度至少提升攝氏二度，海平面會上升三英尺。如果這種預測成真，五分之一的孟加拉國土將消失在水面下。某些最危險的地區位於印度毗鄰的沿海區域，如庫爾納（Khulna）、薩德基拉（Satkhira）和巴蓋爾哈特（Bagerhat），[2]不過孟加拉約百分之八十國土勉強略高於海平面。

在河川上游，由於喜馬拉雅山冰雪融化量減低，使得孟加拉珍貴的沃土變成沙漠。情況預計還會持續惡化，這已經迫使數十萬人從農村地區進入城市，原因有時候竟只是需要乾淨的水——因為海水倒灌入河川，水源已經遭到汙染。快速增長的城市地區卻沒做好收容他們的準備。國際移民組織（Inter-national Organization for Migration）估計，首都達卡（Dhaka）百分之七十的貧民窟人口是因為洪水或颱風等環境災害才進到城裡。

世界上許多地方已出現「氣候難民」，而且注定還會增加數千萬人，這些人大多湧入城鎮地區，即使只是小小的氣候變遷也會對在地居民造成災難。譬如，非洲過去幾十年的乾旱，在許多區域造成嚴重的飢荒，同時，撒哈拉沙漠（Sahara Desert）也正慢慢向南擴大範圍。但是亞洲的氣候難民絕大部分卻是試圖躲避洪水肆虐。倫敦政經學院二〇一〇年發表一份研究報告，指出全球最易鬧水災的十大沿海城市，有九個位於亞洲。達卡排第三名，僅次於印度的加爾各答和孟買。

若這個預測未來在類似孟加拉這樣的國家身上應驗，當這些國家現代醫療照護稀有，教育水準低，如果再有五分之一國土被淹沒，其餘部分土地又不再適合農業耕作時，勢必有大量人口會移動。某些人將試圖前往西方國家，但是數百萬人、尤其是赤貧者，將前往印度，衝撞圍籬和邊境防衛隊。屆時，印度將面臨比目前更棘手的人道和政治問題。

穆斯林占印度人口約百分之十五，高達二億人。但是在孟加拉，百分之九十人民為穆斯林。大量移民的危機將產生諸多問題。在目前為了非法移民問題雙方關係已然緊張之下，印度肯收容多少孟加拉人？多數族群會接受多少人？尤其是邊界省份是否肯接受不又致爆發動亂和政黨不會因此走向極端？印度會因為孟加拉的印度教徒遭受宗教歧視、背負沉重苦難而優先收容他們嗎？這些議題已經讓兩國傷透腦筋，但是在洪水肆虐下最惡劣狀況將使問題更形惡化：氣候變遷和人口變動驅使人們更頻繁移動，他們流浪異鄉，在文化上和經濟上又難以融入其他國家。

孟加拉本身也遇上其他國家難民湧入的問題。羅興亞人（Rohingya）在佛教徒居多數的緬甸，是少數的穆斯林族群。大約有七十五萬羅興亞人居住在靠近孟加拉邊界的亞拉干（Arakan）〔譯按：今名若開省（Rakhine State）〕。他們在族裔上與孟加拉南部的吉大港人（Chittagonian）相通，卻在緬甸遭遇困境。羅興亞人沒有國家，因為族裔關係，不被緬甸政府承認為其公民。一九八二年，緬甸獨裁政府訂定一部公民法，列出一八二三年在英國開始殖民統治亞拉干地區之前，居住在緬甸的一百三十五個「民族」。儘管證據顯示羅興亞人早在西元七世紀就生活在本地區，但軍事執政團認定他們並非緬甸人。羅興亞人受到嚴格的旅行限制，很難經商做生意，也面臨總是徒勞無功的掙扎，連註冊登記出生和結婚都有困難，因而更加孤立。

一九九〇年代初期，高達二十五萬名羅興亞人在宗教迫害、濫殺、強暴、苦刑和強迫勞動下，逃入孟加拉。聯合國難民事務高級專員公署（UN High Commission for Refugees, UNHCR）視他們為難民，起先孟加拉也收容他們，但面對羅興亞難民源源不斷湧入，孟加拉也開始強制遣送數萬名難民回到緬甸，因此難民和孟加拉軍方經常發生衝突。到了一九九〇年代中期，除了兩萬多人之外，全都遣送回緬甸。可是，由於孟加拉政府不再登錄這些難民，隨後又要求救援機構停止協助未登錄者——為了讓其他人難以進入孟加拉。不過，儘管孟加拉是全世界最貧窮的國家之一，卻在本世紀收容了高達五十萬人的難民，只是孟加拉處理難民的能力實在很差。

一九九八年，因為有傳聞羅興亞人普遍遭到歧視和虐待，聯合國難民事務高級專員公署致函緬甸軍事政府，要求給予羅興亞人平等待遇。軍事執政團回答：「他們在種族、族裔和文化上，都與我國其他民族不同，語言與宗教也都不同。」近年來，反羅興亞人的暴力事件數量攀升，村莊和清真寺遭到焚毀、人員被殺害，尤其是二〇一七年八月羅興亞民兵團體攻擊邊界警察後，鎮壓力道更勝平常。因此想要逃入孟加拉的人數再度巨幅上升：光是二〇一七年下半年就有六十多萬人逃離家園。

目前有數十萬羅興亞人住在孟加拉東南方港口城市考克斯巴札爾（Cox's Bazar）周圍的破舊棚屋村鎮，或聯合國難民事務高級專員公署設置的難民營區。孟加拉本身已是貧窮又人口過度擁擠的國家，照顧自己的公民都很困難了，能提供的人道支援資源非常有限，再加上這些移民是外來人口、沒有合法工作權，在地人害怕這些難民會是不法與犯罪的源頭。在近期難民又大量湧入之後，有些孟加拉人已經要求收緊邊境管控；不過也有人主張增強人道救援。也有人擔心這個區域的動亂會讓恐怖組織有機可乘，在受影響的少數民族中煽動宗教和族裔分裂意識、散布極端主義思想。這個區域可能成為激進主義的溫床，助燃已在本地點起的暴力火苗。

孟加拉決定盡快將難民送回去，緬甸則推拖閃躲，一方面說將允許難民回國，另一方面卻計畫升級擴張沿著一百七十英里的邊界的圍籬。另外有人指控，緬甸已在邊界布下地雷，阻止難民回國。再者，沒有人知道羅興亞人回國後還能預期什麼：兩百多個村莊已經被燒成平地，對他們有系統的歧視也仍然存在。

只要緬甸政府繼續迫害其少數民族，我們就看不到任何明顯的解決方案；因此，另一個邊境似乎仍是緊張和不安定的源頭。

二十一世紀的印度次大陸正面臨人口暴增的艱鉅挑戰，人為的圍籬和國界地理完全無視歷史因素。

在阿薩姆省南邊，若開山脈將印度和緬甸分隔開來，在濃密的叢林覆蓋下。有人試圖穿過叢林，進入印度尋求庇護，但人數還未多到造成國家問題。更受到關切的是緬甸境內納迦（Naga）族的叛亂，偶有叛亂活動溢入印度，導致一帶邊界興建起圍籬——但不是印度，而是緬甸興建的。

納迦人是一群叢林山區部落民族的集合體。他們有共同的文化傳統，不過語言各異——絕大部分說的是納迦母語的不同方言，外人根本聽不懂，有時候他們也聽不懂彼此。有些部落在幾十年前改信基督教後，才放棄獵人頭的舊風俗，但他們依然遵守許多過去的文化習俗，也不認為自己是緬甸人或印度人。

印度和緬甸分別在一九四七年和一九四八年相繼獨立後，納迦人發現自己被新獨立的兩個主權國家邊界畫分開來。一九五〇年代，印度境內某些納迦部落開始企圖脫離新德里獨立，因此爆發武裝鬥爭。一九六三年建立的納迦蘭省（Nagaland，印度最小的一個省），降低了暴力的程度，但並未產生永久的和平。到了一九七〇年代，民兵被趕到緬甸，但是他們糾合緬甸其他納迦部落，從緬甸繼續進行鬥爭。目前估計在邊界兩側有二百萬名納迦族人，而納迦民族主義者希望能統一這個地區。

緬甸因長年有著各式各樣內部叛亂，軍政府並沒有太大作為制止納迦人利用該區訓練及裝備民兵，這些民兵經常越界攻擊印度。當然，印度中央政府和阿薩姆、曼尼普爾（Manipur）以及納迦蘭等省政府對此深感困擾。二〇一五年一次攻擊行動中，十八名印度士兵被殺，印度軍方發動多年來第一次夜間跨境閃電作戰。直升機將印度突擊隊送到邊界，他們挺進緬甸國境好幾英里，攻打兩個納迦叛軍營地。新德里聲稱狙殺約三十八名叛軍，不過這個數字恐怕有爭議。

緬甸政府在公開場合必須假裝對印度軍隊越界攻打很生氣，但是事實上偶爾也會越界進入印度的曼尼普爾和米卓拉姆省追擊來自欽族（Chin）和亞拉干人叛軍團體的「恐怖份子」，因此私底下也容忍其主權領土受到侵犯。可是印度政府竟然不照外交禮儀辦事，誇耀整個事件，讓緬甸開始認真考慮要如何防止類似事件再發生。另一個推力是中國在緬甸的影響力日益增強，唯有透過強化與印度的關係設法予以抵銷。

二〇一七年初，印度軍方繼續追剿叛軍，緬甸開始在「納迦自治區」（Naga Self-Administered Zone）——納迦人能享受有限度自治的一塊特區——興建一道較短的邊界圍籬。就官方而言，印度與圍籬不相干；然而，新德里的確每年撥款五百萬美元給緬甸，藉以推動本區域「邊界地區的開發」。名義上，興建圍籬是為了保障雙方的國家安全，既可防止納迦民兵進入印度，又可確保沒有任何印度人能在緬甸國境內興建樓房。政府說圍籬不是為了限制民眾的移動，但是它的確對社群和家庭造成分裂的威脅，因為這些人直到現在還把民族國家的邊界當成一種想像。兩國政府以「自由移動規定」默認之，允許納迦人可以不需簽證，在邊界兩側各十英里範圍內活動。此舉有助於促進邊界市場，緬甸的納迦人可以購買到多數在本地沒有的印度產品，過去必須靠走私客帶進來。然而，現在這一切都受到威脅，也將更進一步分裂那些不認為自己是印度人或緬甸人、只是納迦人的這個民族。

印度倒也不是所有的邊界都如此麻煩，必須興建圍籬隔開。譬如印度和不丹關係密切，由於不丹百分之九十八出口銷往印度，兩國都沒有考慮過「強化」邊界的議題。雖然印度和尼泊爾的關係較為緊繃，尤其是在二〇一五年長達四個月的「封鎖」之後，不過新德里並不認為有需要在一千英里長的邊界興建圍籬，特別是印度仍渴望在尼泊爾維持影響力，不允許讓中國覬覦的真空出現。

至於中國，印度和中國有一道天然障礙——喜馬拉雅山——將兩千五百英里長絕大部分的共同邊界分隔開來，因此它們算是各自擁有天然屏障。中、印兩國之間為印度阿魯納恰爾邦（Arunachal Pradesh）的主權歸屬爭議未決，中國宣稱它才是主權國。但是這個爭議並沒有造成敵對的邊界。即使如此，中國利用太空中的數十顆人造衛星持續監視此一邊界。

有問題的另一個邊界是印度和巴基斯坦之間的邊界。自從印、巴分治以來，兩國之間的關係就很緊繃，這裡可以說是一個「熱點」邊界。印度在喀什米爾（Kashmir）境內沿著有爭議的「控制線」（即停火線），興建三百四十英里長的障礙物。兩國都宣稱喀什米爾是屬於其主權領土，而圍籬大半在印度控制方之內一百五十碼，有高達十二英尺的兩道圍籬。類似西孟加拉省和孟加拉國之間的圍籬，有行動感應器和連結到指揮中心的熱感應影像科技，可以把任何入侵動靜通報給邊防機動部隊。兩道圍籬之間則布下地雷。

一九四七年，根據《印度獨立法案》，各省有權選擇加入印度或巴基斯坦，或甚至獨立。喀什米爾統治者哈里．辛格大君（Maharaja Hari Singh）本身是印度教徒，但喀什米爾絕大多數人民是穆斯林。大君選擇中立，巴基斯坦遂鼓勵穆斯林起義，如此一來反而使大君割讓喀什米爾給印度。於是引爆全面戰爭：結果這個地區畫分為兩半，不過兩方的過半數人口還都是穆斯林。一九六五年雙方又爆發一次戰爭，到了一九九九年，各自有印度軍隊和巴基斯坦撐腰的團體彼此再度爆發激烈衝突。這時印、巴兩國都擁有核子武力，預防雙方衝突發生變得更加重要。印度控制的這一方喀什米爾境內持續有底層的叛亂，這一切及兩大國間的激烈爭執，偶爾也激發出更為惡化的威脅。來回談判之下，雙方偶爾做出友善姿態，通常是透過板球比賽，不過，印度已做出結論，在爭議解決之前，維持和平的方法是興建圍籬，防止叛亂團體的滲透進而引發全面作戰。

這是花費數十年工夫的龐大計畫，但新德里刻正填補它在北部和西部邊界防務的空隙，在一九八〇年代和一九九〇年代將一部分的旁遮普（Punjab）和拉加斯丹（Rajasthan）隔離開來，並且正努力「封上」整個西部邊境，從南部阿拉伯海的古吉拉特（Gujurat）一路迤邐到喜馬拉雅山區的喀什米爾，布建所謂的「全面整合邊界管理系統」（Comprehensive Integrated Border Management System, CIBMS）。某些地區已經很難跨越，譬如南部有沼澤地帶，北部有塔爾沙漠。

「全面整合邊界管理系統」和孟加拉邊界相似的系統，但是這裡更加活躍的邊界，而且印、巴之間軍事行動的可能一直存在。新建的圍籬布有雷達、熱感應影象、夜視鏡和其他設備，連結到每三英里就有一個的控制室。印度方面計畫安裝二十萬盞探照燈，而且一百三十個河邊地段將成立水底雷射連結到控制中心。印度軍方也爭取採購可從六萬英尺高空看清楚一份報紙的無人空中載具（unmanned aerial vehicle, UAV），以及可偵測數十英里外人員移動的設備器材。巴基斯坦批評此一圍籬的興建，認為它們違反聯合國決議和本地協議；但是印度方面表示，由於這些措施，越界砲擊和民兵攻擊已經減少。

像這樣的議題可以有各式各樣的解讀。印度可能把興建強化工事的瞭望台視為防衛措施，巴基斯坦卻可能認為它是攻勢動作的跳板。一九六〇至六一年的「印巴邊界現場規則協議」（India Pakistan Border Ground Rules Agreement）規定如何接納雙方的觀點，但兩方一直都沒有正式簽署，實務上這些協議是臨時性質。每年都可能出現新的爭議事件，在一九六〇年代初期未必說清楚。譬如，二〇一七年印度在旁遮普的阿塔里（Attari）邊界立起一根三百六十英尺高的旗桿，巴基斯坦立刻指控印度違反協議，認為從拉合爾市（Lahore）都可以看見旗桿，印度可能在旗桿上裝設攝影機，用以偵察巴基斯坦。

喀什米爾的情況就比較正式。即使印巴雙方對邊界應該如何畫定並沒有協議，理論上在控制線的每一方其行為都受一九四九年的「喀拉蚩協定」（Karachi Agreement）規範。協定規定在控制線兩方五百碼內不應有任何防禦工事，但這條規定通常形同具文，沒人理會。脆弱的停火協議也經常遭到破壞，不僅印度和巴基斯坦正規軍隔著國界開槍，新德里也指控伊斯蘭馬巴德支持恐怖團體進入印度控制地區，以煽動暴力、甚至針對印度城市發動攻擊。自一九八〇年代初期以來，兩國已在靠近控制線的山區錫亞琴冰川（Siachen Glacier）三不五時展開砲戰。位於喜馬拉雅山的喀拉崑崙山脈（Karakoram），是全世界海拔最高的交戰地區。海拔近兩萬英尺，巴基斯坦和印度士兵在全世界氣候最嚴峻的此地劍拔弩張。通常派駐在如此高的地方，期間只有十二週，因為缺氧會使人失眠和引起幻覺。兩國士兵雖偶有交火，但死於凍瘡的人卻遠比被炸藥炸死的人來得多。

喀什米爾一直是印巴兩國最重大的爭議。雙方有由外國人畫下的邊界；邊界分裂了社群，而現在成為兩個核子武裝大國間敵對的堅固象徵。

巴基斯坦西側和阿富汗一千五百一十英里長的邊界，也是由外國人畫定。原本的穆斯林征服者利用阿富汗做為跳板，從這裡入侵印度；後來英國人以其作為大英帝國皇冠明珠的西翼周邊。這個邊界至今仍被稱為杜蘭線（Durand Line），名字得自亨利．莫提默．杜蘭爵士（Sir Henry Mortimer Durand）。一八九三年，杜蘭爵士和阿富汗統治者阿布都．拉曼汗（Abdur Rahman Kahn）畫定這條線，實質確立阿富汗成為英國控制的印度，以及俄羅斯控制的中亞，兩者之間的緩衝區。

從過去、現在到未來，這裡都是個問題重重的邊界。邊界將這條線兩側的普什圖人（Pashtuns）分為不同國家的公民，但許多人並不接受這樣的分割。基於這個原因，也因阿富汗對邊界線以東某些領土主張主權，所以喀布爾政府並不承認此一邊界。

巴基斯坦極力防止普什圖民族主義走向獨立，期待弱勢的阿富汗。這正是巴基斯坦軍方某些部門祕密支持阿富汗境內塔里班／神學士（Taliban）和其他團體的部分原因——即使這些組織已經反噬杜蘭線東側的巴基斯坦土地。現在有阿富汗的塔里班、也有巴基斯坦的塔里班，他們關係密切，觀點也類似，而且他們也都殺害巴基斯坦的平民和軍人。

到了二〇一七年春天，情勢變得極其惡劣，巴基斯坦宣布計畫沿著聯邦管轄部落地區（Federally

Administered Tribal Areas）邊界的兩個區興建圍籬。巴基斯坦說，這道圍籬是為了對付塔里班的越界行動。然而，即使巴基斯坦設法在此一艱困的山區地形興建圍籬，精靈卻早已走出瓶子：塔里班已經進入巴基斯坦，而且能四處走動。

同時，在杜蘭線之南是巴基斯坦和伊朗的邊界，伊朗人在此地大肆興建圍牆。沿著部分邊界，伊朗人建起十英尺高、三英尺厚的鋼筋水泥圍牆。在此之前多年，已有毒品走私客和遜尼派的民兵團體由巴基斯坦滲透進入伊朗，伊朗是什葉派占半數以上的國家。因此，二〇一四年伊朗部隊揮兵跨越邊界，追剿一個民兵團體，旋即與巴基斯坦邊境守衛交火。儘管兩國之間的關係仍然友善，但是在高牆時代，伊朗已選擇興建實體屏障，防情勢惡化，追隨印度、孟加拉和本區域其他國家的趨勢。

所有上述事例都曾出現在某些政客和許多企業界人士的美夢中，他們想在次大陸建立一個龐大的開放貿易區。印度特別向緬甸、尼泊爾、不丹和孟加拉伸出友誼之手，發展更容易跨國界旅行和從事貿易的計畫。他們已在構想跨國公路和鐵路，並且革新過境哨站，甚且最後有如歐盟部分國家，大幅降低邊界控制。然而，進度相當遲緩，現在大部分國家出現的邊界築籬計畫，仍然背離了區域合作的實用性和精神。

我們在印度和巴基斯坦，以及印度和孟加拉邊界，看到全世界最深刻的分歧，就核心而言，這是宗教性質的分歧。印度是個印度教徒占半數以上的國家，有世俗的民主制度和傳統，但是近年來國內印度教徒民族主義高漲。巴基斯坦是個伊斯蘭主義共和國，民主政治舉步維艱，又有軍人執政的歷史。至於孟加拉，雖然名義上是世俗的共和國，但國家部門和公共生活卻愈來愈宗教化，少數民族和無神論者因其信仰陷入殺身之禍的嚴重風險。

印度次大陸所有的高牆並非全由巨石或刺絲網建成；某些高牆是眼睛看不見的，但它們仍然存在。印度存在規模最大和歧視最盛的國內分歧，若出現在某些國家，一定被視為是令人震驚的醜聞，招致國際譴責——但全世界卻幾乎對印度可怕的種姓制度沉默無聲。

這個制度有種族隔離的迴聲，不過差別相當大——它並沒有被供奉在印度的法律上。即使如此，卻創造出隔離的社會，某些人被歸類為高人一等，其他人則是不純潔，而且人們必須「各安本位」。因此，某些類別的人不能進入工作職場，行動也受到限制。這個制度確保統治階級得以保持優勢地位，判處其他人過著貧窮生活，他們遭受暴力欺凌，卻無法在法律上受到保障。種姓之間的高牆是外人眼睛看不到的。

種姓制度的根源具宗教性質，可以上溯到三千多年前。印度教徒依據職業不同分為嚴格的世襲團體。這受到印度教法中最權威經書《摩奴法論》（*Manusmriti*）的認可，認為種姓制度是「社會秩序和規律性的根本」。高等的種姓彼此生活在一起，用餐、喝酒地方必須分隔開來，與不同種姓通婚通常是被禁止，或至少被人不齒，實務上許多工作不准低下的種姓擔任。

某些前工業時代的歐洲社會也是依據職業世襲傳承，以確保階級制度的完整，但不依據宗教，並隨著現代化的進展，已大幅弱化。印度種姓制度由於城市生活的壓力，在某些地區也在消退中，但其宗教基礎卻讓制度深鑄在日常生活中。印度仍然是極其強大的農村社會，因此想要隱藏根源、躲避宗教傳統的能力相當有限。然而，即使人口慢慢移向城市，由於宗教制度持續強大，種姓制度也一直留存。

根據種姓制度，印度人分為四大類：婆羅門（Brahmins）、剎帝利（Kshatriyas）、吠舍（Vaishyas）和首陀羅（Shudras）。梵天（Brahma）是造物之神，而主掌教育和知識領域的婆羅門，據說出自祂的頭。剎帝利出自祂的手臂，是戰士和統治者，而吠舍出自祂的大腿，是商人，至於首陀羅出自祂的腳，要做卑微的工作。這四大類再分為約三千個種姓，他們再細分為兩萬五千個次種姓（sub-caste）。

在種姓制度之外還有一群被稱為「穢民」（untouchables）的人，現在一般改稱為達利特人（Dalits），意即「賤民」。在印度，如果看到處理動物屍體或掃除街道的人，有很大的機會是達利特人。清理馬桶或通下水道的人，則幾乎可以肯定就是達利特。他們成為犯罪受害人的機率較大，尤其是遭到強姦、謀殺和毆打。人們若是被控針對達利特人犯罪，定罪率明顯低於對其他團體犯下的罪行。在許多農村地區，他們仍不准從公共水井汲水或進入印度教廟宇。出生在什麼樣的種姓，決定了將從事何種職業，比較低下種姓的人即使有大學學歷，拿掃把的機會還是很大。所有出身低下種姓的人都遭受歧視，但是被踩在最底下的是達利特人。

種姓制度還涉及到膚色因素，雖然許多人刻意將其淡化，但它的存在卻不容置疑。二〇一六年海德拉巴（Hyderabad）的細胞與分子生物學中心（Center for Cellular & Molecular Biology）做了一項遺傳學研究，發現在階級結構內「對膚色色素沉澱有深刻影響」，膚色較淡的人絕大部分出現在高等種姓。國家世俗法律理論上禁止歧視，但因為制度是由位於高等種姓的人主導，他們希望繼續維持，因此法律形同具文，從未執行。許多政客不願採取實質行動，因為他們依賴某些種姓的集團投票。

種姓制度深植於國家文化之中。譬如，出身高等種姓的聖雄甘地說過：「我相信印度教社會過去之所以能夠屹立不搖，是因為建立在種姓制度上……摧毀種姓制度、採行西歐社會制度，意味著印度教徒必須放棄世襲職業的原則，而它們是種姓制度的靈魂。世襲原則是一種永恆的原則。改變它，就是製造混亂。」不過，對甘地也要公平，他後來的確也曾發言反對種姓制度，以及鄙視穢民的作法。然而，他繼續為瓦爾那理論（varnas）、即社會階級的思想辯護。他說，每個人都被賦予特定的世襲天命，界定他們應該擔任的工作，但是這並不表示比別人優越。他寫說，瓦爾那是「普世管理人類家庭的生命法則」。

這種天命注定和「自然法」的意識仍蔚為流行。達利特人和其他種姓已運用世俗法律試圖爭取平等待遇。他們獲得一些成績，但也升高了反對者的暴力。二〇一四年印度全國犯罪紀錄顯示，過去兩年因為較低種姓的人口以訴諸法律方式爭取正義的比例攀升，針對他們的犯罪活動竟上升了百分之二十九。達利特人擁有土地或購買土地，是地方社群對他們動粗最常見的原因，因為地方社群決心要將他們壓制在社會底層。

種姓究竟有多少，很難找到可靠的全國統計數字，因為印度最近一次人口普查列出種姓有一千九百三十一個。當時的穢民占全國人口百分之十二．五。儘管平等權利行動到現在已推行了二十七年，他們卻仍然是印度人民中最貧窮、最受壓迫的族群。重要的政府、司法、外交和軍事職位，以及大企業、學術界、媒體和教育體系內的高階職位，全部壓倒性地由婆羅門擔任，雖然他們只占全國人口約百分之三．五。全世界所有的社會都有其社會分層（social stratification），但即使英國是以階級為基礎的社會，菁英式的公立學校系統也沒有產生如此嚴峻、僵固的社會結構。鑒於印度文化的農村和宗教基礎，即使有足夠多的印度人希望改變，也需要很長的時間才能克服這些偏見。種姓制度能存在至今，部分原因是支持者公開主張，種姓制度將社會團結在一起：印度需要受到保護，不能出現歐洲在工業革命之後的社會分裂。反對者則反駁說，這是不道德的，而且將會牽制住國家，因為國家無法善於運用所有的人力資源。

印度獨立以來經過數十年，某些達利特人克服艱鉅、出人頭地，最著名的例子是納瑞雅南（K. R. Narayanan）在一九九七至二〇〇二年出任總統。[3]愈來愈多人由農村移動到城市，這道看不見的高牆開始變得脆弱：屬於什麼種姓，在城市裡愈來愈不明顯，某些城市居民不那麼認真看待種姓制度，現在甚至也出現不同種姓通婚的案例。但是，達利特人權利中心（Center for Dalits Rights）的閔若斯（P.L. Mimroth）相信，歧視的根源仍然深鑄於國民內心，還需要好幾個世代，反對種姓制度的法律精神才會真正被接受：「我們若是相信教育可以消除歧視賤民，那是錯誤的。它需要超過一百年才能被改變。」

統計數字顯示，種姓制度在全國各地仍然相當普遍：數千萬人的基本人權遭到否定，不是被法律否定、而是被文化否定。這並非絕大部分人對印度的印象。好幾個世代的觀光客和學生背包客從印度回國後，充滿著印度教教義精神，推動友好、非暴力、精神主義和素食主義。卻很少人看到，其所伴隨的是世界上最可恥的社會制度。

一九三六年，偉大的印度知識份子阿姆貝加爾（B.R. Ambedkar）[4]受邀向一個印度教改革團體發表年度演講。他提出的演講稿中列出其他許多挑戰性的言論，譬如：「天下再也沒有比種姓制度更可恥的社會組織制度……這個制度扼殺、癱瘓和削弱人們從事有益的活動。」演講被取消，因為他的部分內容被認為「無法忍受」。阿姆貝加爾當年稍後把他的演講稿改成文章發表。

來到二十一世紀，印度的社會根本沒被扼殺——印度的確是個活力充沛、愈來愈重要的國家，擁有相當廣泛的高科技產業——但在國內，數千萬的公民仍然面臨百萬種的進步障礙。印度四周邊界的圍牆設計來把人擋在外頭，而國內的高牆則將人壓制在底下。

整個印度次大陸的分歧正益發明顯，因為人們為了逃避經濟貧窮、政治迫害和氣候變遷而持續並擴大遷徙，而且更加惡化。如果大多數的科學家對氣候變遷的預測正確，那麼這些人在本世紀將繼續移動。目前還未蓋出能夠抵擋那麼大壓力的高牆。圍籬則被蓋來做為片面暫時的「解決方案」，除非同時建立經濟繁榮，否則人人都是輸家。為了控制區域人口移動，沿著數千英里長邊界的許多地方興建的圍籬愈來愈高、愈廣，而且愈科技化。我們已看到，這些圍籬擋不住堅決要跨越它的人——很多人別無選擇，只能搏命一試——而且愈來愈暴力地巡守邊界，只是導致慘重的人命犧牲。斐拉妮·卡屯付出她的性命，而在孟加拉的三角洲平原還有數百萬人像她一樣地拚命掙扎求活。

譯註

1 伊斯蘭聖戰運動（Harkat- ul- Jihad al- Islami）是一九八四年蘇聯介入阿富汗期間在阿富汗成立的伊斯蘭基本教義派聖戰組織，以對抗共產主義為號召，得到賓拉登支持，後在一九九〇年代轉到巴基斯坦和孟加拉活躍。二〇〇四年之後，陸續被印度、孟加拉、英國、以色列、美國和紐西蘭定性為恐怖組織。孟加拉聖戰士集會（Jamaat- ul-Mujahideen Bangladesh）成立於一九九八年，由於動輒對非政府組織發動炸彈攻擊，於二〇〇五年先後被孟加拉及英國政府定性為恐怖組織。

2 庫爾納是孟加拉南部恆河三角洲一個工業城市，為全國第三大城市。薩德基拉位於孟加拉西南部，與印度西孟加拉省毗鄰。巴蓋爾哈特是孟加拉南部一個縣份。

3 一九四九年納瑞雅南受尼赫魯賞識，進入印度外交部工作，一九六七年起前後出任印度駐泰國、土耳其和中華人民共和國大使；一九八〇年至一九八四年出任印度駐美國大使。納瑞雅南在一九九七年七月當選為印度共和國第十任總統，二〇〇二年卸任，享有印度「平民總統」和「工作總統」美譽，是印度第一位「賤民」（達利特人）種姓出身的總統。

4 阿姆貝加爾出身賤民種姓，努力向學，在一九二〇年代先後獲得倫敦政經學院和美國哥倫比亞大學博士學位。他努力為賤民權益發聲，於一九四八年八月印度獨立後出任憲法起草委員會主席，翌年這份廢止種姓制度歧視的憲法經制憲會議通過。

第六章
非洲

「團結我們的力量是天生的，而且大於硬加在我們身上、使我們分歧的力量。」

——卡瓦米・恩克魯瑪（Kwame Nkrumah），迦納第一任總理和總統

非洲也有圍牆，那是一道砂石、恥辱和沉默的圍牆。

摩洛哥圍牆（Moroccan Wall）長達一千七百英里，穿越西撒哈拉（Western Sahara），伸入部分摩洛哥。整個建築物區隔開位於大西洋岸、摩洛哥人所謂的南方各省（Southern Provinces），以及沙漠內陸的自由區（Free Zone）——至於撒拉威人（Sahrawi）則稱呼此一地區為「撒拉威阿拉伯民主共和國」（Sahrawi Arab Democratic Republic）。它以砂石蓋成，堆高約七英尺，附有壕溝和數百萬顆地雷在圍牆兩側向沙漠深入數英里。一般認為它是全世界最長、最延續的地雷區。每隔三英里左右就有一個摩洛哥軍方哨所，配置最高四十名成員的部隊，其中一些人在兩個基地之間的空間巡邏，在每個大哨

所後方兩個半英里地區是快速反應的機動單位，再往後方則是砲兵基地。這一道圍牆也密布雷達桿，可以「看到」自由區約五十英里遠的地方。所有這一切都是為了讓來自撒拉威軍事單位的戰士，所謂的波利薩里奧陣線（Polisario Front），遠離圍牆以及摩洛哥所認為是其領土的地區。[1]

這是一個生活條件很嚴峻的地方。白天溫度可以高達攝氏五十度，夜晚又可急降到近乎冰凍。夾雜著沙粒的熱風吹過荒瘠的大地，把大氣變成芥末色，也限制了能見度。就外界人而言，這是不適人居、令人生畏的區域，可是對撒拉威人而言，這裡是家園。

在一九七五年西班牙撤出本區域之前，此地已有一個西撒哈拉獨立運動。西班牙人一離開，三十五萬摩洛哥人參加「綠色行軍」（Green March）——他們直接走入本區域，主張這裡是摩洛哥領土。西班牙後來把控制權移交給摩洛哥和茅利塔尼亞；拉巴特（Rabat，譯按：摩洛哥首都）政府實質上併吞這塊領地，並派二萬名部隊進駐，他們立刻就和波利薩里奧陣線對抗起來。戰爭持續十六年，造成數萬人喪生。儘管在人數和現代軍事器材上占了優勢，摩洛哥軍隊卻無法制伏波利薩里奧陣線的游擊戰術。一九八〇年，他們開始興建後來被稱為「恥辱之牆」的結構，於一九八七年竣工。

現在它沉默了。西撒哈拉不像曾經發生少數人所聽說過的衝突，甚至還未必是被遺忘的衝突。居住在圍牆兩側的撒拉威人，說的是阿拉伯語的哈桑（Hassaniya）方言，自認為在文化上和摩洛哥人有差別，傳統上也是遊牧民族，只不過他們現在大都已城市化，有數萬人住在難民營中。由於政府提供稅負優待、補助金和一次性的贊助金，摩洛哥移民已完全改變了西撒哈拉的人口組成。我們不清楚撒拉威人還剩下多少人，據估計有二十萬至四十萬人。直到二十世紀中葉，他們仍無邊界的概念，隨著無法預測的落雨，在廣大的地域移動。現在，他們認為本來為其傳統地域的百分之八十五由摩洛哥人控制。撒拉威這個字意思是「沙漠居民」，這也是他們所冀望——並不想當摩洛哥居民。他們和我們將在本章陸續提到的其他民族一樣，是別人胡亂畫邊界線的受害人——在這個案例上，有很大一部分的邊界線是畫在沙漠上。

摩洛哥並不是唯一遇到分裂運動的非洲國家。整個非洲到處都有獨立運動，衝突往往淪為難以想像的暴力內戰。譬如，我們在南蘇丹（South Sudan）和剛果民主共和國（Democratic Republic of Congo）[2]的所見所聞。為什麼有這麼多非洲國家遭遇如此可怕的衝突？原因很多也各個不同，但非洲大陸民族國家組成的歷史是一個重大因素。

獨立運動爭取承認和自決。民族國家的概念發展於歐洲，在十九、二十世紀如野火般蔓延開來，主張一個「民族」——在相當程度上具有共同歷史、族裔、文化、地理或語文共同體的一群人——要有自決的政府。

歐洲殖民者在地圖上畫線、創造非洲大陸的民族國家時，他們對待包含豐富的民族、風俗、文化和族裔多樣性的這片廣袤大地，並未考量這些因素——他們所創造出來的民族國家經常與已在其地的民族毫無關係。這些民族有時是被稱為部落（tribe）。西方作者通常很拘謹、不願使用「部落」這個字，某些西方和非洲學者甚至說這是殖民者創造的觀念。他們只是玩弄字面意義，因為他們尷尬地以為部落這個字在某些人看來是落後的同義詞——其實這是錯誤的。即使如此，在非洲和其他地方的許多民族國家內部，部落的確存在——否認它們的重要性沒有意義。

我在倫敦有位朋友，他來自西非洲。他自我介紹時，最先講出姓名，然後是他來自象牙海岸（Ivory Coast），再來是他出身曼丁卡（Mandinka）部落。對他來說，這是非常值得驕傲的事，代表他認同散布在西非洲好幾個國家的這個民族——不過，他們在這些國家顯然都只是少數民族。這並不是不尋常：極大多數非洲人用部落之名稱呼他們的民族，認同他們自己所屬的部落。在這裡面，程度容或不同，卻有共同的歷史、風俗、食物和可能的語言和宗教。在這方面，非洲人和全世界其他民族並無不同，但不同之處在於，這種部落主義在非洲許多民族國家內的強弱程度。僑居海外的英國家庭碰上另一個英國家庭，可能的對話是：「喔，英國人喔。請問你是何方人士？」「米爾頓．凱因斯（Milton Keynes）。」「喔，米爾頓．凱因斯喔。」然後可能是短暫的沉默，或許藉著談論哪條路抵達米爾頓．凱因斯最便捷而打破沉默。可是，當來自象牙海岸的曼丁卡人在奈及利亞（Nigeria）碰到來自甘比亞（Gambia）的另一個曼丁卡人，就有好多可聊的話題。

要分類很難，但根據估計非洲至少有三千個族裔團體，涵蓋非常不同的語文、宗教和文化。其中人數最多的族裔是衣索比亞的安哈拉人（Amhara）和奧羅莫人（Oromo），約有五千四百萬人。奈及利亞境內有非洲大陸十大部落之四——約魯巴人（Yoruba）、豪薩人（Hausa）、伊格博人（Igbo）和伊爵人（Ijaw），合計總數在全國一億八千六百萬人當中約占近一億人口。辛巴威（Zimbabwe）的紹納人（Shona）、南非的祖魯人（Zulu）和迦納的阿散蒂人（Ashnati），人數各約一千萬人。然而，還有許多較小的團體和次團體。做為一項很粗糙的指標，也依據如何計算而定，據估計光是在奈及利亞一國之內，就有兩百五十個至五百個不同的部落。

部落主義可以有許多正面的部分，提供共同體意識、共同歷史、價值與風俗，在困難時還能提供支援。即使愈來愈城市化，當人們群聚一起時，這些部落傳統仍然能夠持續、並創造新的社群。

初來乍到一個城市，通常會到自己覺得社交上會被接受的地區，以及有人會幫忙的地區。這代表和自己認同的人群聚合，會讓人從數量上產生安全感——很快就導致部落的再造。我們到處都可以看到這種事例，譬如世界各大都市內的中國城就是；我們也在非洲大城市，如肯亞的奈洛比（Nairobi），經常看到來自全國不同部落的人會落腳在同部落老鄉聚居的地區。從肯亞鄉下遷居到首都的盧希亞人（Luhya），可能在卡旺格維爾區（Kawangware）很快就適應，即使它是全市最貧窮的地區之一。肯亞各不同部落也在奈洛比複製觸角更廣的部落村莊。這種情形在非洲大陸各地上演，已經有數十年之久。肯亞作家瑪裘莉．歐勞德．馬葛儀（Majorie Oludhe Margoye）在一九八六年出版的小說《出生》（Coming to Birth），主人翁是十六歲的少女寶蓮娜（Paulina），她就是出身盧歐（Luo）部落，從農村的基蘇木（Kisumu）來到首都奈洛比，她前往馬孔吉尼地區（Makongeni），而這裡已是盧歐人聚居的地區。

雖然屬於一個部落是件好事，對於許多人來說，也是一個驕傲的源頭，但在非洲——就和在其他地方一樣——有一個關鍵問題是，部落的存在究竟在多大程度上阻礙了最大的部落單位，即民族國家，以及它應該代表的凝聚力之形成。問題在於民族國家的形成方式。

從拉哥斯（Lagos）往東開車數小時，雖然有點困難，但仍可以找到湮沒在叢林和歷史已有幾百年的一個巨型圍城的遺跡。這座大城的城牆據信始於八世紀，用來抵禦入侵者。到了十一世紀，貝寧城（Benin City）成為貝寧帝國（Benin Empire）首都，而貝寧帝國是當時西非洲最高度開發的帝國。一四八五年葡萄牙人發現這裡時大吃一驚，他們發現的城市區域竟比葡萄牙首都里斯本（Lisbon）還要大。位於從海岸步行約四天距離的平原地帶，這座城市四周有高牆以及非常深的壕溝包圍，牆最高有六十六英尺。一九七四年的《金氏紀錄》（*Guinness Book of Records*）指出：「這座城牆，以及王國之內其他城牆總合起來，是機械時代之前世界第二大的土木工程。」一九九〇年，佛瑞德·皮爾斯（Fred Pearce）在《新科學家》（*New Scientist*）發表的文章中，引述英國地理學家、考古學家派垂克·達林（Patrick Darling）的研究：這些城牆雖然用的材料較少，長度「是中國萬里長城的四倍以上」。據估計，它們長達九千九百四十英里，城牆內人口高達十萬人。

這座城市的設計顯然已經根據我們現在稱之為「分形設計」（fractal design）的規則進行——一種複雜的重複模式，以愈來愈小的尺度呈現出相似的形式。城市中心是國王的宮殿，監督著高度官僚的社會。從這裡呈現扇狀分散開三十條主要街道，各約一百二十英尺寬，彼此成直角擴散出去，另外更較窄的街道由主要街道分支出去。這座城市分為十一個街坊，有些街坊在晚上有高大的金屬燈柱照明，它們點燃著棕櫚油的燈芯，照亮了布滿整個城市的藝術品。城內有許多房屋，有些為兩層樓高，還有紅黏土製成的圍牆。城外面是五百個建立圍牆的村莊，所有村莊都相互連接，也與首都相連。它有一個護城河系統，包括約二十個小護城河圍繞著一些村莊和城鎮。

早期的葡萄牙探險家對這座城市的規模，以及它所包含的令人驚嘆的藝術和建築作品，大為折服。一六九一年，葡萄牙船長羅倫科．平托（Lourenco Pinto）觀察到：「舉目所及，所有的街道都是筆直的。房子很大，特別是國王的宮殿，裝飾華麗，有精美的大圓柱。這個城市富裕而勤奮。它的管治良好，以致夜不閉戶、路不拾遺，人們生活在安全之中，房子不需設門。」

一八九七年，由於英國軍隊試圖擴張對非洲大陸的控制，而摧毀了這個西非珍寶。英國試圖鞏固在該地區的權力幾年後，情勢更惡化、陷入暴力。一支一千二百人左右的皇家陸戰隊開進這座城市，燒毀了宮殿和人民的家園，搶劫宗教神像和藝術品。直到今天，許多被偷走的貝寧青銅器仍然散布在世界各地的博物館中。國王出逃，但是隔了幾個月後又返回，旋即被流放到奈及利亞南部，後來在一九一四年去世。

到了此時，這座偉大的城市大部分城牆都被摧毀了，勝利的英國人將他們的權威強加在王國身上，炸毀大部分城牆，將這座城市及其周圍地區併為「英屬奈及利亞」（British Nigeria）。當地人又拿走大部分遺留下來的材料，用來營建新房屋，慢慢地城市人口就減少了。除了本地區的人們或許還記得之外，大部分歷史已被遺忘。一九六〇年代初期，考古學家開始勘察此一地區，並繪製現在被聯合國教科文組織（UNESCO）列為世界遺產的這塊地區，以及西邊一百四十英里處、所謂的Sungbo's Eredo的另一圍牆和溝渠的遺跡之地圖。

雖然幾乎沒有留下任何遺跡可茲證明這座城市曾經存在，但它是前殖民時代非洲文明的豐富性、多樣性和財富繁榮的一個典型例子。當這些王國崛起掌權時，是各自獨立的實體；現在則是更大的實體——奈及利亞的一小部分。歐洲人畫的邊界線，譬如「英屬奈及利亞」的邊界線，通常只根據歐洲探險家走了多遠、而不考慮既有的民族和王國，它們是圍繞著部落的分歧而有機地發展。歐洲人強迫性地把數百個民族或部落湊合在一起。

無數的非洲民族從來不知民主為何物，但統治者通常來自和其臣民相同的一個更廣泛的部落，其政治制度則源自部落內部。當殖民者退出時，不同的民族被告知他們現在被湊合在一個特定的區域裡，並且經常留給他們一個統治者，在許多人眼裡看來，這個統治者根本沒有權利統治他們。殖民者的遺產存在雙重矛盾。第一是從多個民族和部落中要建立一個單一的民族國家；第二，歐洲人同時遺留給他們民主和自決的觀念。我們目前在非洲看到的大部分不睦及衝突，都源自於此一快速統一的實驗。

獨立的非洲國家第一代領導人明白，如果企圖重畫殖民地圖可能導致數以百計的迷你戰爭，因此決定守住既有的國界線，盼望能夠建立真正的民族國家，從而降低族裔的分歧。然而，絕大多數領導人卻未能推行團結其境內人民的政策，反而依賴殘暴力量，重施殖民者分而治之的伎倆。許多被丟進這些新成立的民族國家內的不同民族，數百年來並沒有解決歧見、進而團結的有利經驗。某些國家仍在和殖民主義植入其制度中的矛盾搏鬥。

安哥拉（Angola）就是一個主要的例子：它的面積超過美國奧克拉荷馬、阿肯色、堪薩斯和密西西比四個州的總和。葡萄牙人在十六世紀到達時，這塊區域至少有十個主要族裔團體，再區分為近百個部落。葡萄牙人本來有心擴大，將更多民族併入其殖民地之內，但他們遇上英國、比利時和德國的競爭。不同的族裔團體共同點很少——除了不喜歡殖民主子之外。到了一九六〇年代初期，許多族裔團體結合起來發動獨立戰爭。葡萄牙人在一九七五年退走，他們留下一個被發明出來的國家安哥拉，預期它能像個統一的民族國家運作。

我們不妨想像一下：假設沒有發生過殖民統治，而非洲在現代化的過程中，也遵循歐洲相同的模式，發展出它本身相當同質性的民族國家。安哥拉有一支民族剛果人（Bakongo），說的語言是從班圖語（Bantu）分支出來的剛果語（Kikongo）；他們在遭受殖民統治之前有國土相連的一個王國，跨越好幾塊領土——包括今天的安哥拉、剛果民主共和國和加彭（Gabon）——的部分地區。他們覺得和剛果民主共和國及剛果共和國境內說剛果語的部落像兄弟手足；他們合計起來約有一千萬人。在剛果民主共和國，他們是最大的族裔，但在安哥拉是少數民族，這也說明了為什麼會有「剛果團結運動」（Bundudia Kongo）的興起——它們出現在上述三個國家，希望以殖民之前的領土概念建立一個說剛果語的民族國家，目前仍在努力打造一個統一的民族國家——具有類似歷史的許多人也都懷抱此一夢想。

被殖民時代所分裂的民族並沒有放棄熊熊的民族主義希望。他們不願加入由歐洲人命名的聯邦。接下來，當他們終於能夠趕走歐洲人時，卻很沮喪地發現他們被預期要效忠違反他們意志、硬加在他們身上的一套制度，在這套制度中，一直都是主要的族裔團體主宰其他所有族裔。某些國家中，這種分歧還可侷限於政治範圍之內，可是在許多地方，頂蓋被炸開，內戰爆發，也造成分裂運動的崛起。

以一九九四年喀麥隆（Cameron）和奈及利亞之間的海陸國界糾紛為例。兩國都宣稱擁有盛產石油的巴卡西半島（Bakassi Peninsula）主權。之後情勢惡化，兩國之間三不五時發生武裝衝突，導致巴卡西自決陣線（Bakassi Self- Determination Front, BSDF）崛起，由其所發布的視頻顯示成員穿著制服、握著自動步槍，它也經營一個地下電台「黎明」（Dayspring），鼓吹自治。而喀麥隆本身也碰上國內有人主張獨立。喀麥隆主要是個法語系國家，兩千三百萬人口當中約有五百萬人說英語。英語人口中有人聲稱遭到歧視。英語人口大部分居住在與奈及利亞毗鄰的兩個西部省份，現在愈來愈多人要求自治。他們甚至還有流亡政府「總統」、國旗和國歌，隨時可端出來——雖然實現獨立的機會渺小——他們把這兩個省份稱為「南喀麥隆」（Southern Cameron）。

我們還可以舉出其他許多案例。塞內加爾（Senegal）南部省份卡薩芒斯（Casamance）長期作戰、爭取自治。肯亞有個「蒙巴薩共和理事會」（Monbasa Republican Council），主張肯亞的沿海地區應該獨立，聲稱它們有本身獨特的文化，當肯亞脫離英國獨立時，它們不應該被納為肯亞的一部分。它的斯瓦希里語（Kiswahili）口號「Pwanisi Kenya」意即「沿海並非肯亞」。

在短期至中期的未來，眾多的分離運動中，很少有機會成功，但也不能排除分裂出去的可能性——近年來也有獨立成功的例子。厄利垂亞（Eritrea）脫離衣索比亞獨立，而今衣索比亞的歐加登（Ogaden）和奧羅米亞（Oromia）區域還在鬧獨立；蘇丹已經分裂為兩個國家，南蘇丹（South Sudan）於二〇一一年成為全世界最新的國家。可悲的是，情勢惡化、淪入內戰：占優勢地位的丁卡（Dinka）部落立刻被指控歧視努爾人（Nuer）、阿喬利人（Acholi）及其他部落，導致彼此交戰。這場戰爭造成數十萬人喪生，超過一百萬人逃離家園。

這是非洲近年歷史上常見的故事。其中最慘烈的例子之一或許是奈及利亞：一九六七至七〇年內戰之前，先有伊格博人（Igbos）遭屠殺，然後出現短命的「比亞佛拉共和國」（Republic of Biafra）；總計三百多萬人喪生，而奈及利亞迄今還存在比亞佛拉獨立建國的思想。但這絕對不是唯一的個案。蒲隆地（Burundi）是另一個慘烈的例子。以族裔而言，蒲隆地人口約百分之八十五為胡圖族（Hutu），但是僅占百分之十四的圖西族（Tutsi）在政治上和經濟上卻很強大，長久以來國家即陷於兩者之間的緊張拉鋸。一九六五年發生推翻圖西族國王的政變，引爆族裔交戰，至少五千人喪生。一九七二年的大屠殺引起住在薩伊的胡圖族叛軍進犯。一般相信接下來四年兵連禍結，將近二十萬人喪生。一九八〇年代蒲隆地全國不時陷於小型暴動，終於在一九九三年升高為全面內戰，一直持續到二〇〇五年。這次是胡圖族總統梅爾希歐・恩達達耶（Melchior Ndadaye）遭到圖西族刺客殺害，以致引爆一系列事件，造成雙方互相廝殺。最後幾年出現的低階層暴動，約四十萬名蒲隆地人逃往國外，絕大部分流亡坦尚尼亞（Tanzania）。

一九九四年盧安達（Rwanda）爆發種族滅絕慘劇，大約八十萬名圖西族和溫和的胡圖族遭到屠殺。剛果民主共和國約有兩百多個族裔團體，自一九九六年以來就陷入可怕的暴動——各方估計不一，但是有人估計高達六百萬人死亡，衝突的痛苦直到今天還在持續中。還有其他許多國家，包括賴比瑞亞（Liberia）和安哥拉在內，也遭遇普遍及持續的衝突。發生暴動的背後因素相當複雜，包括由外人強加的邊界、欠缺開發及貧窮，但毫無疑問，族裔分裂是重大原因之一。又由於各民族仍經常跨越民族國家的國界，某一國家內部的衝突很快就會蔓延到另一國家。

所有的民族國家都會和他們的鄰國有些歧異，但在世界上大多數其他地方，基於地理和族裔因素的領土糾紛是長時間有機成長出現。很多個案都得以解決。可是，非洲的經驗卻是由外來人在整個地區、相當晚近才植入的地理和族裔的矛盾。是的，我們又回到殖民主義——因為直到非洲人能和其效應保持距離之前，它是無法迴避的。鑒於範圍之大和社會工程之繁複，僅只獨立了六、七十年，根本算不上距離。

當然，歐洲人畫的國界仍然是以外交手段解決領土糾紛時的基礎，不會有太大幫助——我們在摩洛哥和西撒哈拉就看到這種情況，它們仍然必須遵守西班牙人畫下的界線。因為不曉得該如何回應、或是該和誰站在同一陣線，國際社會對摩洛哥和波利薩里奧陣線針對西撒哈拉的主權主張都不承認；聯合國把這個地區列在「非自治領土」（Non Self-Governing Territories）之列，意即它還未正式脫離殖民統治。因此技術上西班牙仍是西撒哈拉的行政當局，即使實務上大部分地區已由摩洛哥控制。

另一個例子是喀麥隆和奈及利亞的爭端，後來鬧上國際法院（International Court of Justice, ICJ），在二〇〇二年解決。有趣的是，兩國走上國際法院，引述的不是古代的部落主張，也不是今天居民的意願，而是殖民時期由歐洲人起草和簽署的文件，當時英國統治奈及利亞、喀麥隆是德意志帝國的一部分。這些文件是國際法院判決的根據，判決對喀麥隆有利，表明「巴卡西半島的主權歸屬喀麥隆，邊界已由一九一三年三月十一日之英德協定界定。」國際法院指出陸地國界糾紛「落在歷史框架之內，包括歐洲列強在十九世紀和二十世紀初的分割、國際聯盟的託管、聯合國的託管，和兩國的獨立。」

並非所有的奈及利亞人都歡迎國際法院這個判決、他們也不高興當時的政府決定遵守其裁判。有人希望重新開審。尼日河三角洲（Niger Delta）地區的《前鋒報》（*Vanguard*），多年來積極鼓吹推翻此一裁判，並以古代土地主權為基礎重審本案。最近該報言論版有一篇文章即宣示：「重新主張巴卡西半島的主權是必定要做的任務！」

學術界內部對於各種爭端和衝突實際上有多大程度受到族裔因素支持，仍然爭論不休。有些學者認為，政客只是利用不同的派系推動本身的目的。有時情況可能就是如此，但這並不意味著差異不會受到利用，或者差異並不深刻。

在某些案例中，強大的部落關係會使決策者分心，注意不到什麼才吻合國家利益，只顧循著部落界線處理政治。譬如，相對比較穩定的南非民主政體本來應該不拘泥於族裔色彩，可是它的政治制度卻沿著族裔和部落界線而分裂：譬如，祖魯人（Zulu）和印卡塔自由黨（Inkatha Freedom Party）結合，而索沙族（Xhosa）則主宰非洲國民大會黨（African National Congress）。南非憲法承認這些分歧，在林波波（Limpopo）、夸祖魯－納塔爾（KwaZulu- Natal）、東開普（Eastern Cape）、自由邦（Free State）、普馬蘭加（Mpumalanga）和西北省（North West）設置「傳統領袖省議會」（Provincial House of Traditional Leaders）。本質上，它們反映南非不同的「民族」或部落的意見。

另一個政治問題是部落主義也鼓勵偏袒示惠——換個說法，就是貪瀆腐敗。這是整個非洲大陸的龐大問題，肯亞前任總統丹尼爾・阿拉普・莫伊（Daniel arapMoi）將之形容為「癌症」，以種種方式影響整個國家。政治任命、商業交易和司法裁判都可能受到影響，換言之，最適任的人不一定得到派令。這使人不願與特定群體之外的人通婚，同時也不利於國家團結，對國家的經濟福祉傷害極大。原本要用在經濟發展、基礎設施或任何公共支出的經費，卻被轉挪到一些愈來愈有錢有勢的人的口袋中。聯合國估計非洲大陸每年貪瀆污走的錢大約五百億美元。當然，全世界每個國家都有貪瀆腐敗，但在非洲特別猖獗卻是舉世聞名。這也是為何非洲聯盟（African Union）把二〇一八年訂為「反貪瀆作戰勝利年」的原因。

另一方面，有人建議把若干制衡措施引進部落制度，藉以確保國內財富與權力更公平的分配。譬如，我們已經看到奈及利亞有尖銳的族裔和宗教分歧。許多區域壓倒性地由一群人主宰，奈及利亞的南部地區基督徒占優勢，北部則絕大多數居民是穆斯林。南部有比較高的識字率、比較好的醫療公衛和比較多的經費。奈及利亞的政治地圖也沿著相同的界線區分。因此就有一個不成文的規則來平衡全國的歧視或勢力失衡：總統（控制絕大部分的預算）由基督徒和穆斯林輪流擔任。這是最高層級的例子，但國會和政府的許多決定也會考量到它們對國內各個不同部落的影響，目標是要避免動盪和不滿意。如果代表A、B、C部落的政黨不重視D部落的觀點，它們肯定會碰上那個地區出現麻煩。從某個層面看，這和其他任何政治制度的運作沒什麼不同，只是在非洲，比絕大多數國家更著重部落和族裔的考量。

某些國家比別人更成功，能夠限制這些分歧的政治效應。譬如，迦納總統卡瓦米・恩克魯瑪（Kwame Nkrumah）取締以族裔為基礎的政黨；象牙海岸總統費力克斯・佛福埃－博格尼（Felix Houphouet- Boigny）（任期一九六〇年至一九九三年）把權力分享出去，藉以壓抑區域的緊張。波札納（Botswana）相對比較穩定，部分原因是它是非洲少數幾個同質性相當高的國家之一，加上有民主的制度和運作良好的經濟。坦尚尼亞是另一個例外，儘管它有一百多個部落，其第一任總統朱利斯·尼瑞爾（Julius Nyerere）堅持，要打造國家認同意識，把斯瓦希里語訂為唯一的全國語文。斯瓦希里語原本就在國內普遍使用，它成為國家的黏合劑。但是，即使是坦尚尼亞也有些微分歧：坦尚尼亞是一九六四年由坦干伊加（Tanganyika）和桑吉巴（Zanzibar）合併組成，現在桑吉巴的伊斯蘭主義者要求公投獨立。

部落主義十分強大的國家，對國家的發展會有多大程度的影響？我們或許不可能準確地衡量，因為我們沒有一個沒有部落的國家可做為對照組的例子來加以分析。即使如此，我們可以很安全地說，需要不斷平衡相互重疊的群體相互競爭的權益，會使國家在往單一實體發展時分神分心。而且肯定的一點是，當衝突陷入暴力時，會動搖整個國家，擾亂經濟，迫使數百萬人逃離家園，並且造成數百萬生靈塗炭。對國家整體和對個人小我而言，代價高到無法想像，而且對整個非洲大陸可怕的貧窮和貧富懸殊之循環，是個重要因素。

非洲是世界最貧窮的大陸。全球化已使得數億人脫離貧困，但貧富差距也愈來愈擴大。非洲的貧富差距尤其鮮明，全世界貧富差距最大的十個國家有七個位於非洲。非洲大陸也有現代城市，迅速填滿摩天大樓、跨國企業和人數日增的中產階級；而在所有這些蓬勃發展的城市中心，伴隨著富人、也住著許多難以想像的窮人，可能每天僅靠不到二美元的微薄所得勉強過活。世界銀行二〇一六年一項研究發現，非洲人陷於貧困之境的百分比，由一九九〇年的百分之五十六下降到二〇一二年的百分之四十三，但是生活在這種情境的人數卻因人口增長而大增，由兩億八千萬人上升到三億三千萬人。

辛巴威是非洲最貧窮的國家之一，大多數人民有心到其他地方尋找更好的生活，特別是它的兩個比較富裕的南方鄰國——波札納和南非。然而，比較富裕的國家未必希望貧窮的移民大量湧入，而許多窮人的確拚命要跨越邊界。波札納在它和辛巴威的邊界布下三百英里長的通電圍籬，宣稱這是為了防止牛群口蹄疫散播，但是除非辛巴威的乳牛能夠跳高欄，否則沒有理由需要蓋那麼高的圍籬。辛巴威及其赤貧人口也被南非的圍籬擋在國境之外。身為非洲南部最富裕國家之一，南非是吸引移民的磁鐵——這也是它為什麼要在沿辛巴威邊界設置圍籬的部分原因。

儘管有這些障礙物，許多人還是跨越邊界、進入南非，而高度的移民就和在世界其他地區一樣，造成緊張。二〇一七年，奈及利亞領導人呼籲南非政府進行干預，以制止所謂的「仇外攻擊」，那是因為報導傳出，祖魯國王卡貝谷祖魯（Goodwill Zwelithinika Bhekuzulu）聲稱外國人應該「打包回國」，引發一系列反移民的暴力事件。國王說報導引述有誤，但是傷害已經鑄成。有人聽到發動暴力行動的人群高呼：「國王說話了。」三百多萬辛巴威人群是遭到攻擊的主要目標，但是南非境內也有約八十萬名奈及利亞人，時局一亂，如果被暴徒找到，沒有一個外國人是安全的。奈及利亞人的住家和人身遭到攻擊，有些奈及利亞人經營的小商店遭到洗劫和燒毀，有相當多人殞命，數以百計的人被迫棄家逃亡，躲進政府設置的難民營。動亂延燒到奈及利亞國內，導致反南非人的示威，在高喊南非人滾回去的口號中，南非商家遭到攻擊。

這裡出現世界各國都常見的一幕：針對外來移民產生恐懼和憤怒，他們不僅遭到指控搶走本地人就業機會，還因販毒、組織幫派而製造高度犯罪率。犯罪未必跟移民有關聯，但和貧窮卻不脫關係。兩者在非洲都很猖獗。統計顯示，非洲的犯罪率、尤其是凶殺案，為世界第二高，僅次於美洲。聯合國有一項二〇一二年全球犯罪率報告，指出這一年全世界發生四十三萬七千件凶殺案，美洲占百分之三十六，非洲占百分之三十一。相形之下，歐洲的凶殺案僅占百分之五。同一份報告也說，非洲某些地區凶殺案有上升之勢。

貧窮顯然既是犯罪的起因、也是犯罪的後果，窮人被困在這個循環裡。儘管缺乏小康之家認為是舒適生活基本要求的條件，在簡陋的城鎮過著貧賤生活的絕大多數人，並不一定就會淪為犯罪。即使如此，他們遭受犯罪之苦——飽受竊盜、暴力、武器、幫派、販毒、警察執法過當、欺壓——所有這一切回過頭來變成不安全、不發展，進而促成他們永久深陷於貧苦境地。

窮人固然陷於貧困循環之中，富人卻愈來愈富有，運用他們的財富躲回到自己的高牆之後，避免遭遇日常生活的艱困——他們住在高牆環繞的社區裡，這種社區就是整個非洲大陸經濟地位分歧、普遍貧富懸殊的明顯跡象。這樣的生活方式的確令人嚮往，有一份廣告文宣生動地描述：「別讓你的生活變得太複雜！躲進路沙卡（Lusaka）最新的郊區（譯按：路沙卡是東非國家尚比亞首都），一個專屬、又安全的住宅區……穆卡孟亞（Muka Munya）有警備、通電圍籬，門控出入口和二十四小時保安系統的保護，只允許受邀請者進入社區……主要道路也鋪了柏油，使得駕駛低底盤豪華汽車的夢想能夠實現。享受各種設施……公園俱樂部設有兩個網球場、一個壁球場、一個二十五公尺長的游泳池和一個選擇豐富的酒吧。靠近路沙卡最好的學校之一，又有『馬術』地帶，能夠輕鬆開車進城。」高牆社區的圍牆保證提供奢華、安全和獨家專屬。如果你的名字不在訪客名單上，你進不了社區大門；要上到名單上，你必須掏腰包，而且所費不貲。穆卡孟亞在索利（Soli）語——尚比亞（Zambia）流行的班圖（Bantu）語的一支——的意思是「我的地方」，本地人只有在夢中才能想像會住進去的社區。

保安社區並不是新生事物。從早期的農業時代、經過羅馬時代和中世紀，在一堆住家四周興建圍牆是一種生活常態。一直要到相當晚近的時代——民族國家和內部治安力量，包括警察部隊興起——城市才允許圍牆拆卸，或開始往城牆之外擴張。現在，高牆又開始立起。但過去受到威脅時，整個社群可以撤退到牆內尋求保護，現在只有少數人永久居住在高牆之後。

住在高牆社區之後的趨勢在二十世紀開始恢復，此後即蔚為風氣。現在非洲各國普遍興建這類社區，尚比亞、南非、肯亞和奈及利亞尤其流行。南非是非洲興建高牆社區的先驅。《經濟學人》週刊報導，早在二〇〇四年，光是約翰尼斯堡（Johannesburg）就有三百個封閉的街坊和二十個配備安全守衛的社區。二〇一五年，尼爾遜·曼德拉（Nelson Mandela）的遺孀葛拉莎·瑪奇（Graca Machel）主持南非一個「公園住宅區」史泰因市（Steyn City）動土典禮——面積是摩納哥（Monaco）四倍的一項大型開發計畫，南非最昂貴的新市鎮。

當然這種趨勢並不限於非洲。譬如在美國，「保安社區」似乎在一九三〇年代於加州開始出現，羅琳丘陵莊園市（Rolling Hills Estate）就是非常著名的案例。（譯按：羅琳丘陵莊園市是美國加州洛杉磯縣下一個市鎮，富翁薈萃。）某些學者指出一九八〇年代興建保安社區的速率加快，認為是因為政府削減福利支出、減少在公共領域的經費，有錢人遂退出公共空間。一九九七年的一項研究估計，當時美國有兩萬個保安社區，住了三百萬居民。

類似的模式在拉丁美洲也很明顯，本世紀大量出現許多「城堡社區」（fortress communities）。譬如，秘魯首都利馬（Lima）出現一道著名的「羞恥之牆」，把全市最富裕的街坊卡蘇阿里納斯（Las Casuarinas）和最貧窮的街坊上潘普羅納（Pamplona Alta）分隔開來。某些保安社區已經幾乎成長成為城中之城；譬如巴西聖保羅（Sao Paolo）的阿爾發維爾（Alphaville）有三萬多個居民，完全改變了城市中心營運和組織的方式，同時華人所興建的開發案更有過之而無不及。

這種現代式的生活方式也不限富人專有。非洲許多國家中產階級快速成長，也導致保安社區開發案向買不起高檔獨棟豪華家屋，但仍有財力在現代高樓大型街廓購買公寓的人士招手。以奈及利亞為例子，首都拉哥斯人口兩千一百萬，你可以發現一些全世界最窮的人住在本市潟湖上破舊的浮動船屋上，或擠住在大陸周遭的小島上之貧民窟，但他們緊鄰著某些全世界最昂貴的住宅。在高檔的新開發案，一戶兩個臥房的公寓叫價超過一百萬美元，是稀鬆平常的事。如果你在埃科大西洋

（EkoAtlantic）等新市鎮置產，百萬美元也很平常。這是從緊鄰著拉哥斯的大西洋填海造陸、堆出約四平方英里的海埔新生地，其四周是各式各樣新建案。這證明一個事實：這個人口一億八千六百萬盛產石油國家，已經有了欣欣向榮的中產階級和高檔的中產階級，而且財富分配也正在改變其城市區域。

這類房地產會興盛，一部分原因是犯罪率升高而出現的對應措施。然而，挺諷刺的是，二〇一四年《住宅及營建環境雜誌》（*Journal of Housing and the Built Environment*）刊載一項研究報告說，搬進城堡社區居住其實反而增加宵小試圖潛入你的住家之機率。小偷認為某人若有財力入住保安社區，家裡肯定有值得一偷的財物。

這份報告承認保安社區提供的保護程度高過社區之外，但它也說，它們的公共空間乏人進出、犯罪風險升高。保安社區會有弱化社會凝聚力之虞，當然城市某些地區會有富人居住，可是這些地方仍有共有的社交空間，不論是城鎮廣場、市場、公園或娛樂區，它們對人人開放。但是新模式的城市和城郊生活卻設計成排他性：能夠進入圍繞城鎮的保安措施，才能夠進入城鎮廣場。這種缺乏互動可能萎縮公民參與的意識，鼓勵保安社區內的人士思想趨於同質，並且導致心理上的分歧，也讓窮人覺得自己是「外來者」，所以才被高牆阻擋在外。財富增加，但沒有為全體帶來相對程度的繁榮，反而增強了分歧意識。

如此一來對整個社區造成影響，也對地方政府和中央政府的態度產生連鎖效應影響。如果相當大量的人住在保安社區，付費給民間公司提供民生基礎服務，如鋪水管、造馬路，然後由私人警衛和消防隊提供保護，同時只利用私人醫療照護設施，那麼地方政府和中央政府的角色當然消退。如果政府的工作只管理社會的一小部分，那麼民族國家的凝聚力也就減弱。在這種劇本下，政客就很難提出英國首相大衛・卡麥隆（David Cameron）在二〇一六年提出的口號；當時他為了因應財金困局而喊出：「我們同舟一命。」

或者，我們換上聯合國在「聯合國人類居住會議報告」（UN- Habitat Report）的話來說：「門控的影響已經出現於城市的真實與潛在的空間和社會之分裂，導致公共空間的使用和可用性減少，以及社會經濟兩極分化加劇。在這種情況下，門控的特性是具有違反直覺的影響，甚至增加犯罪和對犯罪的恐懼，因為中產階級放棄公共街道，把它們交給弱勢窮人、街頭兒童和家庭，以及掠奪他們的罪犯。」然而，某些研究則指出，在保安社區之內，門禁有助於鼓勵社會凝聚的意識，以及跨越部落與族裔的社群街坊。這正是以族裔為基礎的部落概念瓦解的起點。

二〇一五年，針對肯亞保安社區進行的一項研究，居民被問到為什麼選擇住進社區時，最多的原因是「住家品質高」，其次是「安全」，「居民階級」為第三。「社區共同意識」落到第六位，而保安社區對文化的影響更落到第八位：「針對大家族制度的緩衝」。雖然這個原因落到第八位，卻讓人很驚訝地注意到，對高牆社區有此一現代新詮釋，是如何慢慢地弱化在全非洲原本親密的大家族關係。

在政府提供的福利有限，就業也經常只是臨時工作的地方，一兩個相對所得較高的家庭成員運用他們的所得來補助數十個大家庭成員，是正常的狀況。為家庭成員安插工作，不會被認為是假公濟私、搞裙帶關係。非洲長久以來就是這種狀況，因此在大家族成員之間立起實體障礙將會產生負面效應，因為絕大部分保安社區是蓋來容納核心家庭、而非大家族。這些社區是全然不同的世界，而且不只是實質意義上不同的世界。對於住進保安社區的人而言，這種相當鬆散的新的「部落」是和近鄰的社會階級關係。

住到高牆之後的新部落，彼此認同是因為有值得被偷的財物，而不是因為父母來自某一相同地區，或說同一種語言。他們有相同的生活方式，通常也有相同的利益，同樣受到保護。當有了足夠的錢，可以雇人來保護；當沒有錢時，就只好大家夥同一起。因此，住到高牆之後，「我們」的意識即稀釋，有時淡薄到只剩下「我」的意識。

族裔認同依然主宰著絕大部分非洲國家。固然民族國家的邊界是真實存在，但它們只存在於法律框架內，雖然有時也有某種實體障礙物做為表徵，但它們並未必存在於居住在邊界之內或四周的人之心目中。就好比撒拉威人，他們傳統的領域被摩洛哥圍牆分隔，可是許多人仍然感受到祖先土地的吸力。

非洲領袖在後殖民時期不去改動邊界的共識，是因為害怕一旦改動邊界將招致無休無止的衝突，並且也希望他們能夠建立真正的民族國家，從而減低族裔分歧。這件事是難以想像的困難，不只是在非洲，各民族仍然經常跨越民族國家邊界，而在西歐，民族國家彼此之間經常有清晰的地理或語文界線。

時序進入二十一世紀，非洲正站在一個特殊的時點上，事後看來，它總是存在：它需要把重新發現的前殖民時期的國族意識，和目前運作的民族國家的現實，兩者之間取得平衡。這是一條充滿危險的微妙界線，但是忽視或否認在這個巨大空間的長度和廣度所發生的分歧，並不會使它們消失於無形。

過去發生的是「非洲爭奪戰」，現在則需要競賽，催生一定程度的繁榮，以便人們可以被說服要和平共存，同時致力於解決他們希望能夠分開生活的問題。

譯註

1 殖民者西班牙決定撤離西撒哈拉後，在一九七五年十一月十四日與摩洛哥、茅利塔尼亞（Mauritania）簽訂馬德里協定（Madrid Accord），造成摩洛哥和茅利塔尼亞爭相併吞西撒哈拉。西班牙正式照會聯合國，它在一九七六年二月二十六日撤出西撒哈拉，放棄一切權力。摩洛哥和茅利塔尼亞的兼併行為都沒有得到國際承認，立刻與爭取獨立的波利薩里奧陣線爆發戰爭。聯合國承認波利薩里奧陣線是撒拉威人的法統代表，認為西撒哈拉人民有「自主及獨立權利」。一九七六年二月二十七日宣布成立的「撒拉威阿拉伯民主共和國」，截至二〇一八年得到四十七個聯合國會員國承認，與其中四十個建立外交關係。它在十八個國家設置大使館。自從一九八二年起，成為非洲聯盟的正式會員國。

Polisario Front的西班牙文全名為Frente Popular de Liberacion de Saguia el Hamra y Rio de Oro，意即「薩基亞阿姆拉及里奧德歐羅人民解放陣線」，簡稱「波利薩里奧陣線」，也有人稱它為「西撒哈拉人民解放陣線」，是致力於爭取西撒哈拉完全獨立的政治軍事組織。

2 非洲在一九六〇年有兩個各自獲得獨立的剛果，都叫剛果共和國，極易混淆，一般都在其國名之後加註首都之名，以示區別。原本法屬剛果首都為布拉薩維爾市（Brazzaville），通稱為「剛果共和國」（布拉薩維爾）。原本為比利時屬的剛果，獨立後一般稱之為「剛果共和國」（里奧波德維爾），一九六四年八月國名改為「剛果民主共和國」。一九七一年，莫布杜總統（Mobutu Sese Seko）為了去殖民化，將國名改為薩伊（Zaire），首都改名金夏沙（Kinshasa）。一九九七年，獨裁統治三十二年的莫布杜遭到推翻，國名又改回剛果民主共和國至今。一九九八年開始的第二次剛果戰爭讓這個國家滿目瘡痍。因為這場戰爭涉及了九個非洲國家和大約二十個武裝勢力，因此也被稱為「非洲的世界大戰」。儘管在二〇〇三年簽署了和平協定，但戰鬥仍在剛果民主共和國東部地區繼續。這場戰爭自一九九八年以來迄今造成五百四十萬人死亡。

第七章
歐洲

「今天，沒有圍牆可以將世界其他地區的人道主義或人權危機，與另一個地區的國家安全危機分開。從未能維護一個人生命的尊嚴開始，往往以對整個國家造成災難而告終。」

——柯飛・安南（Kofi Annan）

一九七九年某個灰澀的大清早，我在西德搭上一列軍用火車穿越東德，前往西柏林的夏洛登堡車站（Charlottenburg Station）。柏林原本是統一的德國之首都。此時柏林圍牆已經屹立十八年，它顯然已是我們生命中的永久建物，將我們永遠分隔。當時我們完全沒有預想會有另一種生活前景——現狀已經定著在鋼筋水泥、刺絲網，這部分的衝突很可能裂解原子彈，讓我們斷送性命。

身為英國皇家空軍軍人，我有軍人證件，因此這趟旅行不需要護照。到了邊界，我們停在一個鐵絲網圍籬、並有監視塔台的車站。冷峻、毫無笑容的蘇聯邊防衛兵進入火車檢查我們的文件，東德鐵路警察也帶著警犬檢查車廂底部。資本主義者的火車頭和司機換上優秀的共產黨火車頭和司機，兩個小時後，我們搖搖擺擺穿越連結西德和西柏林的軍用走廊。

車廂門從外用鐵鍊鎖上，窗戶也密封起來；我們進入一個破舊、單調而半昏暗的世界，現實似乎是永恆的灰色。當火車停靠車站時，我們不准站起來，或與任何東德或蘇聯官員甚至平民交談。這條一百四十五英里長的走廊被高高的鐵絲網圍起來，其間還穿插著配備探照燈的守衛塔台，和配備輕機關槍的衛兵。圍欄後面清理出一塊「格殺勿論區域」（killing zones），如果任何人勇敢——或愚蠢——試圖跨越，射擊線相當清晰。經過四個小時叮噹作響、走走停停的旅程後，我們進入柏林，走向二十世紀最大的意識形態鴻溝的象徵。這是一座與眾不同的高牆，興建的目的不是為了擊退入侵者，而是為了把人們困在裡面。

今天絕大多數的歐洲人把自由旅行視為天經地義。但是，不久之前並非如此。要在歐洲跨大陸旅行，受到嚴重限制。冷戰期間，在西歐國家跨越國界，需要護照，不過那是例行公事。另一方面，跨越鐵幕、進入東歐，需要護照、文件和安全檢查，而一舉一動都會受到監視。鐵幕和柏林圍牆鮮明、確實地提醒我們，有共同歷史、文化和古代貿易路線交織的這個大陸，已完全被意識形態和大國政治分裂。

第二次世界大戰之後，共產主義與資本主義的戰勝國隔著新界線相互對峙著，蘇維埃式的經濟制度很快就開始辜負其人民。只要往窗外望出去，或走在街上，東德人都可以看到西德成功、壯觀的重建工作。西德電視可以及於大部分的東德，把欣欣向榮的消費者社會的影像播送到東德人的家中。東德人甚至開玩笑，最東部地區因為看不到西德電視，是「無知的深谷」。每天東德人都在目睹西方的進步，對蘇維埃制度最優秀的說法可謂沉重的打擊。東德執政的社會主義團結黨只好在一九五八年宣示，其主要任務是在兩年內於消費者商品的使用上趕上西德。這當然沒有達成，不過蘇聯倒是在太空競賽上領先；當時東德最流行的一句共產主義口號是：「沒有牛奶、沒有牛油，但紅旗在月球飄揚。」

在柏林圍牆興建前，由於東德經濟萎靡不振，許多東柏林人選擇遷居到西柏林永久居住或工作。前此十年內，大約兩百萬人用腳投票，遷移之勢愈來愈明顯。一九六〇年一月至一九六一年七月底，又有三十三萬人遷移到西柏林。東德因此失去勞動力和聲譽。

八月十三日午夜，在莫斯科的同意下，東德軍隊開始築牆，把這個世界重要首都的一半隔絕起來。東德當局稱之為「反法西斯的保護堡壘」，西德當局稱之為「可恥的圍牆」。在最初幾年裡，它包括偶爾出現的一段高牆，但主要是封堵起來的街道，把窗戶砌上磚牆，和一些刺絲網。但在十年內，出現了鋼筋水泥牆，配上瞭望塔、碉堡、通電圍欄、狗、自動射擊範圍，和數百名的武裝警衛。

圍牆東側的人民受到禁止，不能靠近它，但是西側的人民卻可以一路走到圍牆立起的街道盡頭，伸手碰觸分隔德國和歐洲人民的這道瘋狂的傑作。在西柏林這一邊，冷戰時期的黑色幽默是牆上一些塗鴉文字。我記得兩句英文的諷刺句子，一是「跳牆過去、入黨」，另一個是「警告！東德跳高訓練場」。現實生活中，沒有人能跳過高牆，但是數萬人卻試圖用其他方法從東側跨界、進入西柏林，至少有一百四十人不幸喪生。不過有些研究者認為喪生人數遠遠超過這個數字。挖地道似乎是最顯著的逃亡之路，但還有其他許多令人難忘的成功案例。

柏林圍牆剛蓋好四個月，二十八歲的火車司機哈利．狄德鄰（Harry Deterling）把客車車廂對準圍牆，衝破一個缺口。他的六個家人也在乘客之列，這並不讓人意外。兩年後，雜技演員霍斯特．克連（HorstKlein）發現邊界上空有一條已經不使用的鋼纜，離地面巡邏的衛兵有六十英尺高，於是他小心翼翼地走進西柏林。一九七九年的一次大逃亡，或許堪稱是最大膽、最聰明的一次。漢斯．史特瑞澤克（Hans Strelczyk）和根德．衛特澤（GunterWetzel）運用他們的機械知識，採用丙烷汽缸打造一個最陽春的熱汽球系統，他們的妻子利用帆布和床單製作汽球。他們帶著四個子女，測試風向之後，升空八千英尺，向西飛行數英里，奔向自由。

即使如此，以興建的初衷而言，柏林圍牆可說是成功的。我們不知道有多少人成功跨過圍牆，但根據估計，人數只有五千人左右；人口大外移被阻擋下來。勞動力被禁錮之後，東德經濟便開始穩定下來，到了一九六〇年代中期，國家控制住貿易和貨幣後，東德也能夠與俄羅斯帝國其他藩屬國一起協同運作。

然而，東德也知道，他們並無從選擇。他們被困在一道圍牆背後，實質上和心理上有好幾個世代被禁錮在圍牆背後。圍牆豎起之後不久，心理學家和精神科醫生就開始使用一個名詞——「圍牆病」。這一派理論說，柏林圍牆產生一種症候，某些人認為自己遭到禁錮，以致產生心理和行為的失序，如精神分裂症、酗酒、憂鬱、甚至自殺。瑞士心理分析學者卡爾·榮格（Carl Jung）採取比較寬廣的觀點，認為鐵幕代表歐洲大體上「像精神官能症患者的解離」。當然，社會上總是會有某種程度的精神疾病，但我們也很難相信柏林圍牆對此沒有影響。

生活在西方的我們，認為東方「就在那一邊」——在鐵幕背後。好幾個世代的思想家和知識份子相信，從經濟和道德層面而言，東德制度優於西方制度。當他們在一九八九年看到這顯然是盲信時，他們某些人當下很難、迄今也很難承認，一輩子的信念竟是以一個大型監獄制度的瓦礫為基礎。至於我們其他人，沒有利用夏日假期坐上火車，到布達佩斯（Budapest）、德勒斯登（Dresden）和華沙（Warsaw）去玩，也沒有到布拉格（Prague）或塔林（Tallinn）度周末。我們大多數人都年逾三旬了才第一次遇到來自「另一邊」的人，那是因為我們很難到「另一邊」去——而他們也不可能來到「這一邊」。許多生活在鐵幕後的人，即使在自己國內從甲城市到乙城市，也需要申請路條，更不用說跨越國際邊界到西方國家了。一連二十八年都是這種情況。然後，突然間變天了。

一九八五年，米海爾·戈巴契夫（Mikhail Gorbachev）出任蘇聯共產黨總書記。他慢慢地開始放鬆綁在人民生活上的鎖鍊。「改革」（perestroika）這個字開始出現，也有「傾聽」的意思。這裡頭又出現「開放」（glasnost）的觀念。社會和政治以千百種方式開放，人們也互相傾聽。到了一九八九年春末，改革開放的思想遠播國外，位於鐵幕後的匈牙利開始拆除與奧地利邊界的圍籬。到了夏天，數千名東德人決定到匈牙利度假。

八月間，數百個東德家庭在西德駐布達佩斯總領事館外露宿排隊，還有數百個家庭則躲到聖家堂教堂——這一切都公然在東德祕密警察機關「史塔西」（Stasi）——國家安全部——特務監視下進行。此時謠言盛傳，將在奧地利邊境舉行「泛歐大野餐」，人們突然蠢動起來。八月十九日下午，數百人聚集在一座木門前，數十人往它邁進，說時遲那時快，又有數百人衝過那道門，有些人歡呼、有些人狂笑，有些人拚命向前衝，不敢相信他們真的就如此跨越邊界。三週後，匈牙利全面開放邊界，六萬個人如潮水般湧出。德國總理赫爾穆・柯爾（Helmut Kohl）後來說：「柏林圍牆的第一塊磚石在匈牙利拆卸。」

秋天時，東德爆發大規模的反政府示威活動。十月間，民眾所痛恨的領導人艾里希・何內克（Erich Honecker）辭職下台，換上同樣不孚民心的艾貢・克倫茲（Egon Krenz）。由於蘇聯主子遲遲未下達指示，德共政治局只好自己做決定，決定准許東柏林人申請旅行簽證前往西德。這個過程有可能予以管理，而共產黨當局或許能夠爭取到時間、制訂方法維持掌控，但改變歷史的一個小細節卻出現了。負責在十一月九日宣布開放申請簽證的是宣傳部長根德・夏保斯基（Gunter Schabowski），他剛度假回來，並沒有參加改變政策的那一次會議，不明白流程的任何細節，譬如翌日要向邊防指揮官做簡報，以便他們遵照辦理。

當他被問到「新規定何時生效」時，他猶豫了一下，然後回答：「就我所知，現在立即生效。」本來已有數千名東柏林人守在圍牆邊，不到幾個小時，圍牆兩側已聚集成千上萬人。

起先東德邊防衛兵不准任何人出境，但在混亂中，他們在少許民眾的護照上蓋了章，接著後退、允許群眾一擁而上。現場的情況十分驚人，一年前沒有人能預期得到。西德人和東德人相互擁抱，打開香檳慶祝，「拆牆大隊」——一般的東、西柏林民眾——拿起鑿子、榔頭和斧頭，爬上牆頭，開始拆除這道大障礙。當天晚上的情況只有一個字可以形容——興奮莫名。

對於所有的歐洲人而言，這是情緒激動、興奮莫名的一天。當時我住在巴黎，大約三十六個小時後，四名年輕的東柏林人擠在一輛破舊的東德製「衛星」（Trabant）汽車中，噗噗作響來到愛麗榭宮（Champs Elysees）。邊界既已打開，他們決定要做的第一件事是前來見識「光明之城」，因此一路殺到巴黎來。沿路上，巴黎居民停下來為他們鼓掌、歡迎德國鄰人和新時代的來臨。

經歷四十五年的分隔，兩德在一九九〇年達成政治統一。一九八九年，據報導，西德前任總理威利・布蘭德（Willy Brandt）說：「現在原本在一起的東西將一起成長。」雖然實際上他說的是整個歐洲，但一般認為他講的是德國。

因此，德國會統一嗎？歐洲會統一嗎？是的，會統一到某個地步。有些分歧——「腦中的圍牆」——是鑿子和榔頭無法拆毀的。圍牆不只妨礙人們旅行，也製造經濟、政治和社會的深刻鴻溝，這些比實質的障礙都更難以克服。因此，在喜極而泣、宣告手足重逢之後，統一的艱鉅工作才算開始。這不是一樁門當戶對的合併。一九九〇年，東德人口一千六百一十萬、西德人口六千三百七十萬；而且西德的經濟規模是東德望塵莫及。在統一公投的民意之下，資本主義民主的西方制度壓垮了共產主義機器，前東德共產黨也因此雲消煙滅。

所有的大型國家都會有區域性的文化差異。而現在，這個大國卻是人民相互沒有接觸，又在不同制度底下長大的差異。譬如，西德人民對上帝的信仰和出席教堂禮拜是在緩慢降低中，但在東德卻成為過去的遺跡。東德人或許摒棄共產主義，但這並不代表他們準備好接受某部分更嚴酷、更自私的資本主義。另一方面，許多西德人或許歡迎統一，但很快就開始抱怨吸收一個失敗的經濟體、以及需要「再教育」現代世界生活方式的一大堆同胞，財務負擔十分沉重。

最後歸結起來就是德國版的「我們和他們」——東德與西德——之分。二〇〇四年一項民調發現，每八個東德人就有一位懷念過去柏林圍牆拆除之前的舊日子，到了一九九九年，仍有許多東德人談到工作丟了、強迫再訓練計畫和難以適應新制度和消費者文化，而感受到羞辱。即使到了二〇一五年，「柏林人口及發展研究中心」（Berlin Institute for Population and Development）的研究報告結論都是，全德國人當中至少有一半仍然覺得在經濟和文化上有差異。東部地區仍然經常被稱為「新的聯邦各邦」，在某些人的感受中，這代表東部加入西部，而不是兩個實體相互加入對方。

儘管已經投資超過兩兆美元，東部地區仍然比西部貧窮。二〇一七年底，東部的失業率百分之十二，是西部的兩倍。這並不是失敗的故事：東部地區已經變得比以前更加富裕、更有效率——德勒斯登（Dresden）、萊比錫（Leipzig）和其他城市繁榮起來，生活水準也提高了——但這時兩德統一已經超過四分之一世紀，差異依然存在。德國二十個最繁榮的城市當中，只有耶拿（Jena）一個城市是東部城市。這不只是因為東部地區的工資較低，也因為共產主義制度的關係，擁有不動產的人很少。兩德統一當時，民眾的儲蓄是以兩個東德馬克兌換為一個西德馬克。

二〇一〇年，貝勒斐德大學（Bielefeld University）社會學家發現，儘管東部地區占統一後的德國全國人口約百分之二十，而且東部地區教育水準較高，特別是數學和科學方面——這是因為統一之後，政府高度投資在學校教育的成果——卻只有不到百分之五的人被界定為政治、企業和媒體「菁英」。這種教育落差本身就意味著，東部地區的優秀人才前往西部才能獲得薪酬較高的工作。由於女性比男性有更高的教育水準，東部地區年輕女性對男性的比率下降，而東部地區的出生率也下降了。東部人和西部人的長期關係和婚姻原本不尋常，不過現在已開始出現。即使如此，大多數東西部通婚的案例是西部男子娶東部女子；但東西德男女（Ossi/Wessi couple）通婚仍不尋常，從一般人把他們戲稱為「Wossis」，可見一斑。這一切都造成東部人口萎縮，不過萎縮已經緩和下來。有些報告指出，因為德勒斯登和萊比錫（「德國最酷的城市」）等城市的成功，萎縮率可能已經停止，雖然其成就是建立在年輕人從農村地區人口外移的代價上。

文化方面也出現區域差異：食物和消費者商品在德國統一後的認同上都扮演了各自的角色。二十五年前，東德人湧入販賣李維牛仔褲、錄放影機和高檔巧克力的商店搶購。愛用這些「新」產品再度凸顯出西德在統一後的兩德關係之優勢地位。很少東德商品進入西德的超級市場，東德衛星汽車的噗噗作響成為全歐洲嘲笑的話題。衛星汽車笑話已成為過去（許多生產舊日東德產品的工廠也已消失），隨著時間流逝，文化和區域的差異的政治意涵變少了，但在二〇一〇年出現了一條全國要聞：出生於東德的梅克爾總理被問到她最喜歡哪種食物，她挑了通稱酸辣濃湯（solyanka）、源自俄羅斯的肉和酸黃瓜湯雜拌的東德菜餚。隨著時間的推移，像酸辣濃湯和史普利華德（Spreewald）黃瓜這樣的本地食品將成為區域烹飪特色的元素，不會有任何政治色彩，也不會再回到懷念東德的舊日情懷。

現代德國的歧異絕對比不上冷戰時期那麼鮮明，有些是源自共產主義和資本主義分歧之前的因素。然而，圍牆和鐵幕的痕跡仍然看得見——也仍然感覺得到。沿著柏瑙爾街（Bernauer Strasse），在奈德克其納街（Niedenkirchner Strasse）附近的聯邦議會（Bundestag），以及查理檢查哨（Checkpoint Charlie）旁的戰爭博物館（Wall Museum），都可以看到實體的遺跡。在跳蚤市場，甚至可以買到「在一九八九年那個著名的夜晚，從圍牆上挖下」的一塊水泥，但買到真貨的機率不高，如果賣出去的都是真貨，那麼柏林圍牆恐怕就是人類史上最大的結構體了。總之，不論真貨或贗品，都可以帶一小塊灰色的歷史、人類受苦和二十世紀政治分裂的象徵回家，它們以今天許多人無法想像的方式將歐洲分隔為兩個世界。

柏林圍牆倒塌後，歐洲情勢發展一日千里。東歐人走出寒天凍地，兩德重新統一之下，政治共識是未來屬於統一、無國界的歐洲，有單一貨幣，民族國家將會消褪。這個歐盟聯邦在巨型貿易集團主宰的全球化的世界中，將與其他主要集團互動。人員、貨物、服務和金錢全都能夠在會員國之間自由流動。

歐盟的創建先驅在第二次世界大戰之後，以在共同的貿易區域內恢復民族國家的繁榮為基礎，重建破碎和分裂的歐洲；因此它的原名是歐洲經濟共同體（European Economic Community）。後繼者認為也可以意識形態為基礎，建立一個歐洲國家。這是一個崇高的理想，源自於希望結束歐洲兩千年來的部落交戰。一九九〇年代，南斯拉夫因太晚才發現沒有在斯拉夫社會主義的毛毯下撲滅巴爾幹民族主義的火苗，而眼睜睜看著整棟房子燒成廢墟；追求建立歐洲超級國家的一派，認為南斯拉夫正是歐盟計畫務必成功的證明。不過，許多小細節以及少數大規模、高影響力的因素也暴露出制度中的問題。

當民族國家的共同體在一九八〇年代開始蛻變為會員國家聯盟時，愈來愈多的權力轉移到布魯塞爾，稀釋掉主權，因此不是人人支持。多年來，各國主張能更獨立、有能力就本身的人民最佳利益在預算、法令、貿易規則等方面做決定。他們不希望由布魯塞爾的中央集權發號施令。而且遵循歐盟的指令已在某些國家造成嚴重的經濟問題。一九八六年的《單一歐洲法》（The Single European Act of 1986）訂定單一市場，而單一貨幣歐元也在一九九九年創立。然而，歐盟並沒有同時具有一個單一的財政或金融政策，歐元制度裡也沒有彈性可以吸納區域的金融衝擊。當時機好的時候，人們比較不會質疑建立此一相互依存制度的智慧。但目前歐元陷入掙扎，很難吸引任何國家申請加入歐盟；財經方面當然也有贏家和輸家。譬如，希臘年輕人的失業率極為可怕，部分原因是柏林和布魯塞爾強制希臘遵循某些經濟政策。

歐盟在二〇〇四年東擴，接受幾個東歐國家加入後，它也面臨團結東歐和西歐的挑戰。自由遷徙是歐盟的一個理想，要讓歐洲人有權利在所有的會員國居住、工作和旅行。它既要促成整個歐洲的成長，也想要鼓勵歐洲各民族之間的融合。這是許多人擁抱的理想，要以先前幾十年還不可能的方式，在整個歐洲大陸旅行，尤其是到原先藏在鐵幕之後的地方去旅行。在某個程度上，它降低了冷戰期間盛行的「他者」意識。但是，就像德國從柏林圍牆經歷持久的影響一樣，西歐和東歐之間仍然有許多差異。匈牙利、波蘭和保加利亞等國家，就和東德一樣，受到相同的旅行限制和經濟失誤，而且他們的經濟也因蘇聯的瓦解受到嚴重阻礙。雖然有些進步，但歐洲許多最窮的國家就是原本來自東方集團的國家。

當東歐國家加入歐盟時，英、法等國的人均國內生產毛額幾乎比波蘭高出六倍。儘管如此，西歐國家許多政治菁英嚴重低估了會有多少人向西移動，尋找就業機會；當數以百萬計的東歐人民湧入時，他們完全沒有準備。經濟上的事實是需要有移民工，而他們經常負擔起本地人不願做的工作。然而，這種堅實的經濟邏輯未必能夠說服法國、荷蘭或英國的水管工人、營造工人或計程車司機，移民工對國家的好處，因為他們突然發現自己和新來的移民工在競搶工作、住屋和醫療照護。當那麼多的經濟移民開始從貧窮的歐洲國家往富有國家旅行時，人們便開始抱怨東歐移民工湧入，因此質疑自由移動的好處。英國對這種情況感受最強烈，英國獨立黨（UKIP）因此崛起，最後導致英國公民投票決定退出歐盟。

不滿情緒逐漸上升中，又出現二〇〇八年的金融危機，及隨後歐盟各國政府普遍削減社會支持和投資。銀行業搖搖欲墜，各個民族國家納稅人卻被迫要清理這團亂帳。失業率上升，無國界的大塊區域人口又可自由移動，制度的弱點開始顯現。真正信徒還是繼續支持歐洲計畫，可是強烈的民族主義者一定誓死反對，而不可知論者是只要對他們有利，他們就支持誰——大部分的歐洲選民開始感覺理想已經行不通。缺乏經濟繁榮把他們結合在一起，對於失敗中的制度的支持也在流失，民族主義上升之勢亦沛然莫禦或無法忽視。

在絕大多數歐洲人的心目中，歐盟從未成功取代民族國家。可以說，歐盟的創建者動作太快，太傲慢，竟然相信創造了歐洲，就會造就出歐洲第一與民族國家其次的認同意識之人民。一八六一年，義大利統一運動的先驅馬西莫·達澤格里歐（Massimo d'Azeglio）說過一句話：「我們已經創造義大利；現在我們必須打造義大利人。」即使這是一項重大挑戰，而且可以說這個挑戰迄今還未終止；即使這個區域已經有共同的宗教、歷史和相當程度的地理因素，都還會如此。要創造歐盟、歐元區，然後再打造歐洲人，是一項極為艱鉅的工作，必須把截然不同的芬蘭、匈牙利的利益、需求和優先項目，與希臘、葡萄牙各自不同的利益、需求和優先項目結合起來。成功相當有限，已經可以從歐盟內部日益不穩定看得出來。斯堪地那維亞國家已經在研討，萬一歐盟崩垮之後成立北歐同盟（Nordic Union）的可能性。由斯洛伐克、捷克共和國、波蘭和匈牙利組成的「維謝格拉德集團」（Visegrad Group）在布魯塞爾已經愈來愈以聯合陣線之姿出現。[1]「單一歐洲」的「推力」受到英國脫歐、以及蘇格蘭、比利時、義大利和西班牙分離運動，乃至疑歐派（Euro-sceptic）政黨幾乎在每個國家都聲勢大盛的挑戰。二〇一七年年底出現加泰隆尼亞（Catalonia）危機，凸顯出好幾個民族存在於一個國家之內的緊張，讓人更注意到這一點。

許多學者喜歡說民族主義是個「假命題」，因為它是建立在「想像的共同體」上，但人們對其民族的認同卻是一點都不假，而且「想像」並不代表不存在。譬如，巴勒斯坦人透過語言、宗教和文化，已經發展出強大的認同意識，因此相信他們是個民族，而民族就理應建立國家。很少學者會挑戰此一論述，可是從知性上他們繼續主張，民族主義已經過時、甚至太原始。在後者此一主張上，他們的話或許還有點道理，可是要忽略民族主義的真實性——全世界到處都有——是謬誤的。有些學者、知識份子和媒體、企業和政治菁英認為他們已經從民族主義解放出來。二〇一六年，歐洲執行委員會（European Commisson）主席尚・克勞德・容克（Jean Claude Juncker）形容國家邊界是「有史以來最糟的發明」。他的話或許不無道理，但是如此大膽講出來，恐怕很難爭取到民族主義者支持他的歐洲超級國家的理想。

新菁英似乎並不真正了解民族主義，太快貶抑它，容克即是一個主要代表人物。已故的歷史學家湯尼・祖德（Tony Judt）固然很勉強地主張，歐洲更緊密結合是不可能的，他在一九九六年寫道：「我們應該認識民族和國家此一現實，注意到一個危機：如果忽視了，它們可能成為有毒的民族主義之選舉資源。」

他果真不幸言中。由於各國經歷外來移民快速變化下，對於移民的態度已經趨於強硬，極端敵意的民族主義政黨的支持度大增。在絕大多數西歐國家中大多數人民對新來者仍然抱持好印象，但是自從二〇〇四年以來，絕大多數民調都指出支持度止在下降。由於中東及其他地區動亂，許多非歐洲的移民和難民突然大量湧入東歐和西歐，讓這股趨勢更加強化。這一最新挑戰的壓力，加上歐盟拚命要團結飽受金融危機衝擊的會員國此一事實，已然惡化，從波羅的海到地中海歐盟大牆上開始出現的裂痕，也正在威脅整個歐盟體制。

移民危機從二〇一一年起逐步上升，到了二〇一五年達到巔峰。中東和非洲遍地嚴重衝突和內戰，數以百萬計的人民喪生和流離失所，另有數以百萬計的人民逃離暴動，想在西方尋求新生活。起先，大多數的歐洲領導人歡迎他們，但愈來愈多難民如潮水般湧來，歐洲顯然沒有準備好要處理這麼多人、大喊吃不消——單單二〇一五年就來了一百多萬難民——愈來愈多歐洲人變成愈來愈不願意收容難民。態度開始改變之下，歐盟內部有些邊界開始收縮，許多國家設法重新控制越過其邊境的移民人數。

與移民危機不相干，強悍的俄羅斯也在歐洲大陸障礙重升之中扮演一個角色。俄羅斯兼併克里米亞（Crimea）之後，烏克蘭開始沿著東部邊界興建防禦工事。二〇一五年，愛沙尼亞（Estonia）和拉脫維亞（Latvia）開始在與俄羅斯的邊界興建圍籬。二〇一七年，對於俄羅斯的行動起戒心、已恢復徵兵制的立陶宛（Lithuania），也跟進興建邊界圍籬。然而，移民危機是今天歐洲各國邊界實體屏障長度不亞於冷戰時期的主要原因，情勢也沿著歐盟本身的邊界開始。譬如，少數地方已經出現圍籬和圍牆，把西班牙在摩洛哥的飛地梅利亞（Melilla）和休達（Ceuta）團團圍起來。在前者，二十英尺高的雙重圍籬證明效用不大。二〇一八年初，至少有兩百名非洲移民衝過圍籬，他們拚死命的決心極為堅定，警察想阻擋，都遭到攻擊。後來大部分的人遭到逮捕，送進移民拘留所，但是過去幾年已有數千人經由這條路線進入西班牙。

二〇一一年建立的第一批新屏障之一是沿著希臘和土耳其邊界的刺絲網圍籬，是為了防堵來自中東和非洲的難民湧入。二〇一五年，保加利亞跟進。

然而這些入口點的邊界障礙從來沒能阻止新移民浪潮的到來和試圖偷渡。移動路徑會改變——譬如，許多人選擇危險的海路，從土耳其偷渡至希臘——雖然歐盟和土耳其在二〇一六年達成協議，土耳其同意接回相當多數量的這一類移民，許多人仍然想方設法進入歐盟。為了反制，歐盟會員國彼此之間的邊界，現在也開始出現邊境管制和障礙物。

匈牙利首開先鋒；冷戰圍牆拆卸之後二十六年，新障礙開始豎立。它開始興建圍籬，起先沿著和塞爾維亞（Serbia）的邊界興建，然後沿著和克羅埃西亞（Croatia）的邊界興建，終於完成三百多英里的刺絲網阻絕難民湧入。二〇一五年夏天，每天有數千名移民進入匈牙利；到了二〇一七年，人數已降低到趨近於零。匈牙利政府是最直言反對外來移民和歐盟安置難民計畫者之一。總理維克多．奧班（Viktor Orban）在二〇一六年宣布舉行公民投票，以決定匈牙利人是否要讓歐盟來決定其移民配額。雖然投票率不高，但過半數以上投票民眾投票支持政府的路線。即使如此，似乎過半數民眾仍同情此一觀點：根據皮優研究中心的調查，百分之七十六匈牙利人認為難民將會增加恐怖攻擊事件，百分之八十二民眾認為他們將是國家的負擔，搶走就業機會和社會福利。匈牙利政府繼續推動其議程，玩弄人民對外國威脅的恐懼，集中在移民與恐怖主義和伊斯蘭的傳布之危險，更加收緊它的移民政策。雖然匈牙利因為對移民的態度和政策普遍遭到批評，但並沒有因此遭到歐盟制裁，總理在匈牙利國內的民意支持度也未因此受損。

其他幾個國家效法匈牙利，採取類似的措施，在邊界建立若干「臨時性」的控制設施，包括「沒有國界」的申根區域（Schengen area）之內。斯洛維尼亞（Slovenia）在它和克羅埃西亞的邊界建立圍籬；馬其頓（Macedonia）沿著它和希臘的邊界建立圍籬；奧地利沿著它和斯洛維尼亞及義大利最忙碌的邊界建立圍籬；另外也計畫要在卡萊（Calais）興建圍牆，以防止移民跨過英吉利海峽。北方的挪威已在它和俄羅斯的邊界建立圍籬，瑞典也開始限制移民從連通丹麥的松德海峽大橋（Oresund Bridge）進入其城市梅爾摩（Malmo）。除了圍牆和圍籬之外，其他國家也採取進一步措施緊縮邊界。

這些措施大部分是要限制非歐洲移民和難民的移動，這些人透過比較鬆散的邊境已經進入歐盟——而且近年來的恐怖攻擊浪潮也有助於加強檢查的主張更為許多人所接受。然而，這些障礙物的存在仍影響和威脅到歐盟成立的基本理想。

這些障礙物對於目前難民困居的國家也產生嚴重的威脅——特別是他們仍不斷湧入部分地區。譬如，希臘現在有數萬名難民困在它的海島中心，進退兩難，使得希臘耗費資源、不堪負荷。由於移民危機對某些國家的影響大於對另外其他國家的影響，加上某些國家拒絕分攤負擔，歐盟會員國之間的關係也備受考驗。

即使如此，相當多數的歐洲人對移民還是抱持正面觀點，樂於歡迎新移民進入其國家。許多人覺得西方有道義責任幫助逃離暴政、暴動迫害的人，同時也有人支持許多政治人物、經濟學者和企業領袖提出的主張，認為歐洲國家其實需要外來移民：原因是人口老化和生育率降低，某些國家——譬如德國人中間值年齡是四十六．八歲——面臨人口減少，需要外來移民來確保其未來經濟能健全發展。但是雖然政府一再試圖說明這點，人民的感受還是依據目前情勢為基礎，不是依據未來含糊的問題，而今支持移民的人士，數量是在萎縮的。因此二〇一四年皮優研究中心的民意調查發現，百分之八十六希臘人和百分之八十義大利人，希望降低准許進入其國境的移民人數。這項民調是在移民危機上升時所做的，但離二〇一五年巔峰期有一年多。這段期間是否增加更多移民呢？受訪的希臘人只有百分之一、德國人有百分之十四覺得如此。

許多歐盟領導人似乎未預料到反對外來移民的反彈如此強大，有幾個原因，人民開始看到及感受到過多的新來者對他們生活的影響。在整個歐洲大陸，過去是、現在也是，根據教育水準不同對這方面有明顯的不同態度。不具大學教育程度的人有極高比例希望減少外來移民，這可能是與他們在歐盟內外都碰上要與外來移民競爭低薪工作有關。這一類人當中有許多人特別不喜歡被說成是他們看到周圍變化的規模太大和速度太快而覺得不安，是因為心胸狹窄、教育程度較低，又被扯上懷有偏見，在他們看來這是雙重侮辱。

歐洲各地恐怖攻擊事件大增，也導致人們將恐怖主義和大量移民混為一談。人們擔心恐怖份子以難民和尋求庇護的身分進入歐盟，然後就可以在歐洲各國之間自由旅行。二〇一五年十一月發生於巴黎的恐怖攻擊事件，有些恐怖份子是透過移民管道進入歐洲，但事實上，絕大多數的恐怖攻擊是歐盟公民所發動的。

有些人也感覺他們享有的公共服務遭到威脅，關心他們應付不了額外的負擔，而且這也涉及到公平與否的意識。假設你在匈牙利或法國外科醫師手術房外等候，周圍很多人都不是本國出生的人。你可能也希望人人都可以得到醫生診治，但也很可能覺得幾十年來繳費維持公衛系統，坐在旁邊的人卻沒有。排隊等得愈久，就愈可能產生不公平的感覺。這些可能是基本的直覺，但卻預想得到。當然歐盟的制度已經訂得讓許多會員國相當公平，因此所有的會員國公民不論是在哪個國家都同樣受惠。但是，倘若候診室的別人不是來自其他會員國，在某些人心目中，不公平的意識會油然而生。

歐盟各國領導人莫不絞盡腦汁想方設法處理移民的人數和民眾內心的不滿感受。二〇一六年，丹麥制訂一項法令，來到丹麥尋求庇護的人只准保留一萬克朗（Kroner，約值一千英鎊）以下的現金和珠寶；超過者必須用來繳付「基本生活、健診和住宿」的費用。這被人拿來和當年納粹德國對待猶太人的作法一比擬之後，丹麥政府稍作更改，具有情感價值的項目（如結婚戒指）不在此限。德國某些邦和瑞士其實也已經悄悄實施類似作法，只不過沒有那麼普遍，譬如瑞士，二〇一五年抵達的難民四萬五千人，其中只有一百一十二個人資產歸公。

丹麥會訂出此一措施和同一法案中的其他辦法，無疑是要紓緩百姓對難民人數大增的焦慮、降低照料他們的費用，也極可能是勸阻難民別來丹麥。政府已經注意到極右翼團體受到的支持度上升的趨勢。然而，一般人沒注意到的一個事實是，丹麥法令已經規定，失業、沒有保險的丹麥人在領取國家補助之前必須將財物脫售到某一水平。丹麥在二〇一五年收容二萬一千名尋求庇護的難民之後，政治人物已愈來愈難在深具社會平等精神的此一北歐文化中再推銷行善的概念。丹麥人口只有法國的十二分之一，但收容申請庇護的難民人數超過法國——而且雖然丹麥國內有人批評新規定，讓許多丹麥人不爽的是，這些措施被批評為帶有種族歧視，甚至被說是無異於納粹作法。

有些人關心的是新來者不具「歐洲價值觀」。何謂「歐洲價值觀」，很難界定。但絕大多數的人認為，歐盟國家對個人自由、性別平等、性向平等、宗教自由和言論自由有類似的思想。當這些思想並非常態的文化出身的人大量湧入歐洲，便使得本地人覺得自己的價值觀受到威脅。歐盟各國為了多元文化和價值觀爆發文化戰爭。譬如，高等教育學府應該男女分校嗎？穆斯林婦女從頭到腳全身包覆的長衫，合乎法國人政教分離（laicite）的觀念嗎？如果某些公民認為女性割禮（female genital mutilation）是文化常態而為之，應該處以什麼刑罰？言論自由應該包括允許宣傳類似譴責某些人是「最惡劣的造物」這種信念嗎？譬如，《古蘭經》就是這麼稱呼猶太人和基督徒的。另外，《新約聖經》也教導，在宗教事務上，女性「權威不能高於男性，她必須沉默」。

現在歐洲有來自世界各地的不同族裔居住。在一九七〇年代末和一九八〇年代收容了數十萬名越南人，後來大量中國人和印度人也來到歐洲，現在大多數國家首都都有拉丁美洲裔社區。新歐洲現在有各式各樣的新混合，人人試圖適應，但是最困難的調適似乎出現在非穆斯林和穆斯林之間。其中原因當然很多，但最常出現的是以為穆斯林大量移入，人數超過了本地人。

歐洲穆斯林其實在整個歐盟人口當中僅占相當小的百分比。最徹底的研究是在最近的移民／難民危機之前，由皮優研究中心在二〇一〇年所做的調查。發現在歐盟各國中，穆斯林人口最多的是德國（四百八十萬人）和法國（四百七十萬人）；占人口比例分別為百分之五·八和百分之七·五。英國二百九十萬人、占比百分之四·八，瑞典四十三萬人、占比百分之四·六，希臘六十一萬人、占比百分之五·三。數字還在上升中——過去三十年，每十年約穩定成長百分之一，因此二〇一〇年歐盟穆斯林人數一千三百萬人、占比為百分之六，預估到二〇三〇年會上升到占比百分之八。

（這是二〇一五年難民大量湧入之前的估計。）但這個數字依然遠低於許多人以為的數字。

會有這種錯誤認知可能有幾個原因：譬如，某些穆斯林社區的代表人物（常常是自封的）在宗教議題上遠比其他任何社群講話聲音來得響亮，因此透過媒體報導更加醒目。然而，更大的因素可能是在都會中心裡有高度醒目的族裔集中現象。斯德哥爾摩（Stockholm）約百分之二十居民為穆斯林，阿姆斯特丹（Ams-terdam）為百分之十三，布魯塞爾（Brussels）為百分之十五，科隆（Cologne）為百分之十二。很多人輕易就從個人日常生活周遭所見的情況，而認定他們國家其他地區的情況也是如此。譬如，英國政府二〇一六年底的一份報告發現，在布雷德福（Bradford）等北部城市穆斯林占極大多數的社區，連穆斯林本身都認為英國的穆斯林人口超過百分之五十以上。

二〇一〇年的調查也顯示，在對待穆斯林的態度方面，西歐和南歐、東歐也有明顯的歧異。南歐和東歐，負面態度強，百分之七十二的匈牙利人對穆斯林有負面觀感；義大利人為百分之六十九；波蘭人為百分之六十六；希臘人為百分之六十五。當我們移動到北歐和西歐，很明顯的多數人對穆斯林有善意評分。英國人「只有」百分之二十八有負面觀感；德國人為百分之二十九。

不過，在西歐某些地區，反穆斯林的情緒已有上升之勢。民眾對伊斯蘭的焦慮在法國可能最高。譬如，依據二〇一〇年的調查，只有百分之二十九的民眾對穆斯林有負面觀感，但是此後對此一宗教的敵意穩步上升，這可能跟法國遭到一波波恐怖攻擊、以及外來移民大增有關。《世界報》（*Le Monde*）發表一項易普索市場調查公司（Ipsos）做的民調——〈二〇一七年法國的分裂〉，發現百分之六十受訪者「相信伊斯蘭宗教與法蘭西共和國的價值不相容」。在移民議題上，百分之六十五認為法國有太多外國人。在這一點上，民眾態度有明顯的政治分歧——〔右翼的〕民族陣線（National Front）選民有百分之九十五同意這個論點，社會主義者則只有百分之四十六有相似看法。在此之前幾個月，當時的總統法蘭斯瓦．賀蘭德（Francsois Hollande）是百分之四十六當中的一員。《總統不應該這麼說》（*A President Shouldn't Say That*）這本書引述他的話：「我認為有太多不應該來到這裡的移民。」他也承認法國「和伊斯蘭有麻煩……沒有人懷疑這一點」。

法國的確出現統合的問題。法國現在有一大堆城鎮，穆斯林人數占壓倒性多數。穆斯林街坊往往出現在城市地區周邊，而且幾乎總是位於這些城鎮最貧窮的地區。過去即已經有這種現象。一九二八年《外交事務》（*Foreign Affairs*）雜誌刊登一篇查爾斯．藍伯特（Charles Lambert）的文章，我們只要更動幾個字，就好像是二〇一八年寫的文章：

移居到法國的外國人往往聚居在一起，我們有些省已經變成名副其實的民族統一主義的中心。北方省（Nord）好幾個村莊完全是波蘭人，他們帶著他們的妻小、他們的傳教士和他們的校長一起來。波蘭移民占朗斯（Lens）人口的百分之二十，庫里耶爾（Courrieres）人口的百分之四十和奧斯特里庫爾（Ostricourt）人口的百分之六十八。已經有三萬名義大利人在西南部地區定居。透過滲透方式征服我們邊界省份的工作正在有系統地進行。里維拉（Riviera）地區將近三分之一人口為外國人，而尼斯（Nice）的百分比幾近一半。

後來這些社區融合同化了，目前穆斯林人口大增，日後也可能同化。然而，這裡頭會有差異——要把歐洲經驗運用到這一波最新的移民可能會有所不同。首先，如果我們接受種族歧視在歐洲仍然存在的話，絕大多數歐洲穆斯林的膚色可能使他們在社會上和經濟上屈居弱勢。其次，和一九二〇年代的波蘭人、義大利人移民不同，穆斯林社區裡有一股聲音告訴他們，他們來到的地方很可惡，必須加以抗拒。這些宣揚仇恨的人經常闡述極端的宗教世界觀，他們可能不代表多數人，但是在信仰扮演核心角色的社區裡，他們的平台和影響力大過於白人極右翼的儕輩。移民社群通常很難在不熟悉的環境定居下來，並取得本地人的接受，如果社群裡的某些「領袖」告訴他們要堅持隔離，他們的掙扎奮鬥就會更加複雜。

對於「外來人」的負面觀感不僅引起國與國之間的分歧，也造成歐盟每個國家社群、政黨、媒體內部的分歧，街頭和法院的紛爭。只涉及到歐洲人時，自由移動在觀念上已經是個極大的挑戰，但實質的不滿在某個程度上還限於社會的邊緣。那麼多非歐洲人蜂擁而至，更在歐盟各國點燃熊熊的民族主義火焰，也是過去幾年極右派勢力巨幅上升的主要因素。十年前，除了各自國內的極右翼政黨之外，大多數歐洲人能講得出來的唯一一個極右翼政黨，恐怕只有法國的民族陣線。現在全歐各地出現好幾個家喻戶曉的極右翼政黨，譬如希臘的黃金黎明黨（Golden Dawn）、瑞典的民主黨、荷蘭的自由黨（Party for Freedom）、奧地利的自由黨（Freedom Party）和匈牙利的尤比克黨（Jobbik）。大部分極端民族主義政黨都反對歐盟進一步統合，但它們全都有個中心思想，就是害怕伊斯蘭，這也明顯是他們許多支持者的驅動力。民族主義派宣稱他們反對的伊斯蘭，只限於激進的政治伊斯蘭，但是極端的民族主義者經常越過這道線，直截了當就是伊斯蘭恐懼症、以及不喜歡穆斯林。

民族主義和極右翼政黨的興起是對歐盟意識形態的詛咒，歐盟自命為自由民主國家的大同盟。現在這些民主國家的性質在整個歐盟都遭到威脅，並不只限於匈牙利和斯洛伐克等東歐國家。本質上，分歧存在於「寬容不寬容」的一派和「不寬容不寬容」的另一派之間。德國在歐盟、以及移民危機上都扮演核心角色，因此值得探討事件在德國發展的狀況。問題要能解決，還需要一段時間。

安吉拉·梅克爾在二〇一五年打開德國大門，歡迎外來移民及難民。她當然受到歐盟其他領袖批評，但也開始面臨德國國內愈來愈強大的反對。這不是說德國人不歡迎他們。德國全國上下竭盡所能收容新來者，數以千計的人志願到難民中心幫忙，也提供教導語文和就業輔導等範圍廣泛的各種服務。即使如此，當愈來愈多外來移民抵達，人們開始想到創造一個統合的社會任務極其艱鉅時，問題終於浮現。單單二〇一五年這年，就有將近一百萬名非歐盟國家的公民來到德國；敘利亞人最多，其次是阿富汗人、伊拉克人、伊朗人和厄利垂亞人。自從第二次世界大戰結束以來，德國人沒有經歷過如此大規模的人口移動。

最初的問題之一是，當人們抵達時，他們傾向聚居到相同族裔已經立足的地區，這可能導致統合困難，也可能快速改變某些地區的人口和文化特性。聯邦移民及難民辦公室（Federal Office for Migrationand Refugees）注意到：「難民希望前往他們自己族人立足的地方：巴基斯坦人希望到萊茵—美茵地區（Rhine- Mainarea），阿富汗人希望到漢堡（Hamburg），敘利亞人希望到柏林。但是在人口稠密地區，住宅空間稀少，房租高漲。貧民窟很快就出現了。」

民眾初期的善意開始消退，二〇一五年除夕夜科隆發生多起性攻擊事件，大部分被歸咎是新移民幹的（但是一直沒有人被判刑定讞），更使得德國人的歡迎之心為之消沉，甚且全德各地暴力事件頻傳。二〇一五年，針對難民庇護所，發生一千多件攻擊。這是難民危機在巔峰時的數字，可是到了二〇一六年，即使與土耳其達成協議，土耳其降低難民流出愛琴海（Aegean）的人數，使得進入德國的難民大幅降低到三十萬人以下，但暴力事件還是維持在相同的件數。

在比食物和說話腔調更嚴肅的事物方面，德國還是可以看得到圍牆和鐵幕的痕跡，尤其在移民這件事上面。一跨過易北河（RiverElbe），德國人對移民的態度就更加負面。簡單地講，由於用來在全國分配難民和申請庇護者的配額制度使然，德國西部收容的移民比東部多（柏林例外）；東部各邦比較窮、人口也較少，分配到的新來者較少。二〇一五年和二〇一六年這兩年，巴伐利亞（Bavaria）、北萊茵西發利亞（North Rhine Westphalia）和巴登伍騰堡（Baden Wurttemberg）等西部三個邦，收容將近百分之五十的移民／難民。相形之下，薩克森—安賀特邦（Saxony-Anhalt）收容百分之二・八，梅克倫堡—西波美恩邦（Mecklenburg- Vorpommern）收容百分之二，布蘭登堡邦（Brandenburg）

收容百分之三・一。儘管如此，發生在東部針對移民的肢體攻擊事件卻多出很多。德國國內情報機關「聯邦憲法保護局」（Federal Office for the protection of the Constitution, BfV）在二〇一六年提出一份報告，西部各邦平均每百萬人有十・五件極端份子攻擊事件。東部的薩克森邦，這個數字上升為四十九・六件；布蘭登堡邦為五十一・九件；梅克倫堡－西波美恩邦為五十八・七件。這三個邦都有人數最多的、有組織的新納粹黨。

二〇一六年，德國政府的「德國統一狀況」（Status of German Unity）年度報告，不僅指出遭到歧視的人所受的影響，還援引聯邦經濟事務及能源部官員艾莉絲・葛萊克（Iris Gleicke）的說法，提到在「德國東部難以取得社會和平」已經對東部各邦的「經濟發展產生非常嚴重的威脅」。葛萊克也指出，「德國東部人大多數並不仇外、也不是右翼極端份子」。德國人通常對引喻歷史都很小心，但是攻擊的規模太大，導致葛萊克提到一九三〇年代以及希特勒褐衫隊（Brownshirts）的記憶：「我們東德人必須掌握住這件事，決定我們是否要保護我們的城市和農村，或將它們交給褐色的夢魘。當人們遭到攻擊、或難民收容所遭到縱火時，社會不應該轉身不顧。」這樣的評論在德國人精神上起了深刻的迴響，但愈來愈多人不希望德國過去的錯誤來決定他們必須如何感覺，或是他們能說或不能說什麼。以下我們就要談「反西方伊斯蘭化的愛國歐洲人」（Patriotic Europeans Against the Islamization of the West, PEGIDA）和「德國另類選擇黨」（Alternative for Germany Party, AfD）。

早在二〇一四年，「反西方伊斯蘭化的愛國歐洲人」的成員就走上德勒斯登和其他城市街頭示威遊行。這一公然的敵視行動使它超越主流政治，但是到了二〇一五年初，它吸引龐大的群眾，散布到全國各地。在萊比錫的遊行吸引三萬人、在慕尼黑（Munich）吸引兩萬人、在漢諾威（Hanover）吸引一萬九千人，在德勒斯登吸引一萬人。通常政治從邊緣向更廣大的社會移動時，在示威活動中聽到的許多口號都是先出現在足球場的看台上。有個著名的例子就是德勒斯登迪納摩足球俱樂部（Dynamo Dresden）至少比川普總統早一年，在球場上懸掛出「假新聞」（Lügenpresse）的標語。從德勒斯登球場看台上，這句標語傳頌到街頭。群眾覺得當局串通媒體，沒把移民問題的真相向全民揭露。

到了初夏時分，一則是「示威疲乏」，再則是發生一系列醜聞，包括「反西方伊斯蘭化的愛國歐洲人」發起人魯茲·巴克曼（Lutz Bachmann）擺出希特勒姿態拍照，造成民眾對該黨的支持度下降。但根本的情緒並沒有消失，當移民危機在二〇一五年夏天推升到高峰時，它們又回到表面來，對更加「可口美味」版本的「反西方伊斯蘭化的愛國歐洲人」——「德國另類選擇黨」——創造出政治空間。

其實「德國另類選擇黨」成立於二〇一三年，不過當時它的重點是推動反歐元運動。隨著移民危機加劇，它把注意力轉向移民議題，與「反西方伊斯蘭化的愛國歐洲人」建立聯繫。到了二〇一六年夏天，因為「反西方伊斯蘭化的愛國歐洲人」迭爆醜聞，「德國另類選擇黨」崛起成為最大的激進右翼組織。它的黨員人數快速增加，在各邦議會代表席次也增加。當它在梅克倫堡—西波美恩邦選舉拿下百分之二十一選票、躍居該邦第二大黨，而在中央執政的梅克爾總理之基督教民主同盟黨（CDU）屈居第三時，警鐘開始大響。二〇一七年底全國大選時，它組織良好、深得民心，竟然在聯邦議會奪下相當席次。這是一九六〇年代初期以來，極右派第一次進入聯邦議會。雖然梅克爾的政黨仍然是最大黨，但「德國另類選擇黨」已經大有斬獲，特別是在東部地區獲得相當大的支持，躍居全國第三大政黨。歐洲的政治重心開始不穩。

「德國另類選擇黨」的政策包括廢棄申根區域，以及在全國及歐盟層級設立永久性的邊界控制。根據黨的規定，支持增強對尋求庇護者的審查，又說，如果穆斯林的作法和信仰違背「自由民主的社會基礎、我們的法律和我們文化的猶太—基督教及人道主義基礎」，它們在德國就無立足之地。它稍微軟化立場，表示可以接受穆斯林成為「有價值的社會成員」，但還是主張多元文化行不通。它也反對歐元，政見之一是恢復發行德國馬克，希望權力回歸到民族國家。

所有這些主張在歐洲各地都得到相當大的迴響。我們在德國所看到的區域分歧和政治分歧，在其他國家也到處出現。二〇一七年三月的荷蘭大選，極右翼的自由黨成為第二大黨。五月間，法國民族陣線黨魁馬琳・勒龐（Marine Le Pen）闖過總統大選第一關，晉入第二輪決選，贏得百分之三十三・九的選票，幾乎是她父親尚—馬利・勒龐（Jean- Marie Le Pen）二〇〇二年得票率翻了一倍。奧地利自由黨在二〇一七年十月大選得票率大增，成為全國第三大黨。即使梅克爾總理在二〇一七年大選為了沖銷極右勢力的成長，也被迫向右激烈轉向。自由民主制度有一句話是真理：你若壓制不國內反民主的組織，就必須設法管理它們。

早在二〇一四年，由於外來移民帶來的壓力極大，匈牙利總理維克多・奧班就公開揚言，他要建立一個「不自由的民主政府」。這句話背後的意思是，選民若是投票選出對自由主義政策和價值有敵意的民族主義政黨，就可以摒棄這些政策和價值，但是國家還是民主國家。二〇一五年選舉產生的波蘭政府也持相同的觀點。這種意識形態和歐盟的理想背道而馳，是會使歐盟分裂的一個重大分歧。布魯金斯研究院（Brookings Institute）針對移民問題有過一份報告：「危機已經動搖整個歐洲大陸的政治，擾亂個別國家的政治制度，也威脅到歐盟整體的團結。」

這是對已有分歧的歐洲根本的挑戰。不只涉及到移民，也關係到經濟、貿易、主權及普遍的自由主義。我們在處理大量移民的新現實，以及接納難民的道義責任之下，也不能忽視核心價值。如果忽視了，我們可能會貽害未來所有的歐洲人，不問他們是何出身背景，害他們生活在一個比目前更高壓的社會。我們必須記住，絕大多數逃到歐洲的人是試圖躲開辜負了他們的暴政。我們需要對付激進的伊斯蘭主義、管理大量的移民和照料難民，但方式也不能破壞我們本身的自由價值和法治為基礎的制度。

這些法令、價值和制度是將來要療癒最近歐洲大分裂之所恃，它們從一九四五年以來即已分裂。現在，無分新舊，分歧又重新出現。未來幾年將會告訴我們，我們是否能在安全的歐洲安家立命，還是要倒退回分崩離析的未來。

譯註

1 維謝格拉德集團是捷克斯洛伐克、匈牙利、波蘭三國於一九九一年二月在匈牙利城市維謝格拉德舉辦高峰會議後決成立的政治及文化合作組織。後因捷克斯洛伐克分解，成員國變為四國。維謝格拉德對於這四個國家具有歷史意義：中世紀時，波希米亞（即今天捷克）、匈牙利、波蘭三國的君主為了相互合作，曾在一三三五年與一三三九年在維謝格拉德召開會議。這四個國家都在二〇〇四年五月一日加入歐盟，它們也都是北約組織成員國。

第八章
英國

「每個人自己就是島嶼。但是，雖然差異的大海可能會分裂我們，整個世界卻含有共同性。」

——作家詹姆斯．羅佐夫（James Rozoff）

想像你是西元三八〇年左右一名駐守哈德良長城（Hadrian's Wall）的羅馬士兵，來自伊特魯里亞／托斯卡尼地區（Etruria Tuscany），是兵團裡相當少數真正來自義大利半島的士兵之一。時間是二月，冰冷的寒天，你值大夜班，從堡壘遠眺大海。由於烏雲籠罩，看不到天上的星，飄著細雨，即將破曉。一股疾風吹上的外套，你感謝朱庇德（Jupiter）上星期送來羊毛褲——不過那已遲到三個月。不知道天氣或城牆北邊蠻族三不五時的攻擊，哪個較糟。這一天大夜班一樣守著長城的同袍也不見得就比較舒適，他來自北部高盧（Gaul），不會說拉丁語，之所以從軍是因為服役二十五年期滿後，或許可以成為羅馬公民。

望向這片蒼茫大地朦朧的輪廓，看著野草被大風吹伏，你不免想起老家的城鎮、農村和海岸線。這時你長嘆一聲，罵自己：「我幹嘛來這天殺的地方？」

哈德良長城看在「原始的」島上蠻族眼裡，一定是嘆為觀止。它興建於西元一二二年，長七十三英里，有些部分高十五英尺、深十英尺。高牆前方還挖出一條十三英尺深、三十英尺寬的「作戰壕溝」。兩者之間還布滿長尖刺。長城有許多堅固的大門，每隔一個羅馬里就有一個小碉堡，兩座碉堡之間會有砲台。長城的一邊是「文明」，另一邊是「野蠻」。直到今天，長城雖不復存在，但一些英格蘭人和蘇格蘭人還是會以文明和野蠻互相取笑。

經過一千五百年的歲月，做為羅馬帝國天威遠被——或是強弩之末——象徵的哈德良長城，幾乎已經消失。羅馬人撤守之後就荒廢失修。農民挖走石塊、蓋起他們的住家和羊圈，新興的基督徒社群也來挖石塊蓋教堂，慢慢地，英國人淡忘了羅馬人，長城也在羅馬人企圖征服的這塊土地傾塌。

羅馬人從未成功地統一大不列顛全島。哈德良長城是蓋來防衛已征服的地區、對抗他們不曾統治的部分。當他們在西元四三年初次抵達英格蘭東南部時，遇上一堆鐵器時代的部落。這些部落聽過羅馬的盛名；他們和羅馬帝國已有某些文化和經濟的交流，也從凱撒（Julius Caesar）大約一個世紀以前的入侵，聽說過羅馬軍隊的力量。當年各部落英勇抵抗羅馬軍隊，然而這次大軍來犯，他們卻毫無準備，更要命的是，他們並未團結抗敵。他們被羅馬人擊敗；羅馬人在科切斯特（Colchester）建立據點，準備占領全島。

歷史學家相信，到了西元四七年，東南部十一個部落投降，羅馬人控制了亨伯（Humber）以南、跨過史維恩河口灣（River Severn Estuary）直抵威爾斯（Wales）邊界附近的這一片地區。羅馬人再從這裡往南推進到了威爾斯，也開始北伐。到了西元八四年，他們已北上深入到莫瑞灣（Moray Firth），進入今天蘇格蘭境內約一百五十英里。有證據顯示，羅馬船隻最遠來到琴泰爾半島（Kintyre Peninsula），軍隊也試探性地進入高原地區（Highlands），莫瑞灣是他們在大不列顛定點拓殖的北緣。如果他們繼續北上，把全島置於單獨統治之下並堅守下來，聯合王國的歷史必定徹底改寫。

然而，羅馬帝國在其他地方的邊界受到威脅，必須調兵保衛本土，不能在邊陲地帶繼續推進。於是羅馬人後退，停在今天英格蘭和蘇格蘭交界附近地帶。他們停下來後，開始築牆：這是羅馬軍威遠播最重要的存留證據。在地理上，這個地區並沒有形成天然疆界常有的河流或山脈。但羅馬人在這裡以軍事力量畫下界線。

哈德良長城幫助打造出今天所謂聯合王國（United Kingdom）這塊地方。往後兩個半世紀，界線依然存在。在界線之南，生活日益羅馬化；界線之北，維持著不同的凱爾特（Celtic）文化。未來的威爾斯和蘇格蘭從來不曾完全遭到擊敗，一直和今天的英格蘭這塊地區保持一種不同的意識。不列顛島上這塊英格蘭地區是羅馬盛世（Pax Romana）的據點，羅馬在此興建了許多公路和城鎮。

到了西元二一一年，英格蘭南部因為比較靠近羅馬，被稱為「上不列顛」（Britannia Superior），首邑遷到倫敦。英格蘭北部稱為「下不列顛」（Britannia Inferior，直到今天這個區分仍具相當意義），約克（York）被訂為首邑。西元二九六年又進一步畫分。現在南部改稱「第一不列顛」（Britannia Prima），直抵哈德良長城的北部稱為「馬克辛姆斯凱撒省」（Maxima Caesariensis），密特蘭（Midlands）稱為「法拉維亞凱撒省」（Flavia Caesariensis），威爾斯則是「第二不列顛」（Britannia Secunda）。這些名字都未流傳下來，但這些區隔的輪廓至今仍看得到。

然而，後來歐洲大陸的事件轉而不利於羅馬人。在前面那位羅馬士兵自問「我究竟到這鬼島來幹什麼」之後不到幾年，馬格努斯．馬克辛姆斯將軍（General Magnus Maximus）也問自己相同的問題。西元三八三年，他的答案是率軍回國，挑戰羅馬皇帝大位。不到幾年，帝國最北據點的整個部隊束裝回羅馬。

馬克辛姆斯班師回國之後，「蠻族」〔皮克特人（Picts）和蘇格蘭人（Scots）〕突圍南下，不列顛人只能向羅馬求援，請求派軍前來驅逐蠻人，羅馬大軍果然馳援。此時哈德良長城已經失修，因此羅馬人建議不列顛人興建邊界工事、抵禦北蠻南侵。可是他們沒有傳授使用石塊的技術，不列顛人遂用草皮來築牆。「蠻族」輕易就衝決防禦工事，不列顛人第二次向羅馬求援——和第一次的訴求一樣：「救救我們！」羅馬兵團再度馳援，擊退來敵，這次也教了本地人興建石牆的技術。

但它沒有作用。沒有羅馬駐軍，石牆抵擋不了北方蠻族。不列顛人三度求援——後來被稱為「不列顛人的呻吟」（Groans of the Britons）。這一次羅馬的回應令他們大失所望，在英國史書上留下這個名字，直到今天的政治課本上都還如此稱呼。羅馬的回答是：「請自行設法防衛。」歐洲的統合大國摒棄了不列顛，不列顛也摒棄了這個統合力量，他們的確必須靠自己，「自行設法防衛」。拿它和今天英國脫歐公投（Brexit）相比，固然可笑，但也未必不貼切。當時的問題在於根本沒有防衛可言。陰影相當長；羅馬不列顛的暮色進入到黑暗時期（Dark Ages）。

到了西元七世紀末期，石牆仍有相當部分屹立，因此偉大的盎格魯—撒克遜學者聖比德（the Venerable Bede）還能描述泰恩河（River Tyne）附近一段長城是「八英尺寬、十二英尺高，從東到西呈一直線」。但是它已逐漸變成消失的建築物。到了十八世紀，意義已不復存在，彷彿只是英國歷史上一段巨大的文化破壞行徑。

一七四五年，喬治・韋德（George Wade）元帥奉命攔阻英俊王子查理（Bonnie Prince Charlie）率領詹姆斯黨部隊（Jacobite army）南下侵犯。[1]他的部隊和砲兵要從新堡（Newcastle）西進，卻因缺乏堅實的道路而遲遲未能及時行動。這一來促成了韋德沿著哈德良長城的古道，興建一條新公路通往卡萊爾（Carlisle）。他在蘇格蘭有豐富的造路的經驗，和腳踏實地軍人的聲譽。唾手可得的建材就在他眼前——順理成章的作法就是拆掉一大段哈德良長城，用它們做礎石，興建約三十英里的新路。

拆牆行動一直持續到十九世紀，才開始有人重視它的歷史文物價值。維護古蹟派挺身而出，好幾段長城的廢墟清理出來，受到細心維護。保持得最好的一段是在諾森伯蘭（Northumberland），位於赫克薩姆（Hexham）和霍特惠斯爾（Haltwhistle）之間約二十英里的一段。今天它是英國最吸引觀光客的熱門景點之一。夏季時分，成千上萬的遊客沿著幾個世紀前羅馬人的足跡，在這條光榮又蕭索索的鄉間道路漫步。冬日季節，更能感受到他們對身處文明外緣的心情。大多數的塔樓、垛口和大門可能都已經消失，但是長牆實質上仍然存在，也長存在英國人的集體想像中。這讓他們想起了他們最先與歐洲大陸的政治產生聯繫的時代，當時的分界線畫在不列顛島上兩個最大的組成部分——英格蘭和蘇格蘭——之間。

即使今天已進入二十一世紀，大部分的長城也早已消失，而且它們絕大部分實際位於蘇格蘭邊界的南部。羅馬人所興建的這道防禦工事，仍然很弔詭地象徵著聯合王國一個很重要的分歧。

我們在歐洲看到，要把民族國家及其所代表的民族團結在一面旗幟之下，並非易事，但幾百年來聯合王國卻團結了不同的民族和認同。

現在，聯合王國正在經歷「我們與他們」分野的時刻，所含括的民族彼此之間、以及內部的人口都在分歧，許多人覺得甚至比以往更加分歧。近年來這種走勢益加惡化，到了二〇一六年更出現退出歐盟的公民投票。文化和認同在分化，以新方式與全球化、民族主義和歐盟等重大議題交織影響。

大多數的英國人在法律和語文上結合為一體，文化上也相當程度地結合在一起。蘇格蘭和英格蘭在歷史上大部分的時間是涇渭分明的國家，經常吵吵鬧鬧。兩者之間大部分的麻煩起於十三世紀，英格蘭國王愛德華一世主張他也應該是蘇格蘭國王。歷經多年戰爭、對抗英格蘭入侵者之後，蘇格蘭於一三一四年在羅伯・布魯斯（Robert the Bruce）領導下重獲獨立。後來幾個世紀，兩者邊境經常是麻煩的熱點，雙方不時互相侵襲，但是兩國於一六〇三年關係拉近：蘇格蘭國王詹姆斯六世也接位成為英格蘭國王詹姆斯一世，最後兩國終於在一七〇七年通過《聯合法案》（ActsofUnion）正式結合。[2]

蘇格蘭或許不是一個獨立的民族國家，但蘇格蘭人和英格蘭人是相當不同的民族——或許最重要的是，他們感覺就是與英格蘭人不同。兩者之間的差異可能過於誇大，卻的確是有差異，倒也不是邊界北邊的族群相當比例的男人穿裙子。

直到前幾個世紀，兩國之間還是存在溫和的族裔差異。蘇格蘭人和威爾斯人、康瓦爾人（Cornish）一樣源自凱爾特人。他們大約在四千年前來到不列顛群島，甚至也居住在今天的英格蘭，不過逐漸被佛里斯蘭人（Frisians）、盎格魯人（Angles）、朱特人（Jutes）和薩克森人（Saxons）所取代。雖然英格蘭人和蘇格蘭人之間的基因差異現在已幾乎分辨不出來，直到今天，偶爾仍有蘇格蘭人把英格蘭人稱為Sassenachs，這個蓋爾語文字（Gaelic）意思就是「薩克森人」。

蓋爾語文（也可拼寫成Gaidhlig）是十七世紀蘇格蘭西北部絕大多數人的語言。但在《聯合法案》實施之後五十年，只剩下約百分之二十三的人說這種語言；到了一九〇一年縮小到只剩百分之四・五；進入二十一世紀，更只剩下百分之一・二。目前約有六萬人說蓋爾語，他們絕大多數住在西部群島（Western Isles），而且能說兩種語言。蘇格蘭人很清楚他們目前的母語並非源自他們原始的語言。他們只剩下歷史記憶——曉得在過去是非常不同的語文。英格蘭人其實對兩者關係上，他們是非常大且有時主宰的勢力的記憶已然模糊；蘇格蘭人則對於遭到壓迫記憶猶新。

然而，儘管蘇格蘭在聯合王國內的獨立性日益增加，自決這個問題卻從來沒有消失過。英格蘭和蘇格蘭最初結合時，蘇格蘭維持對教育和法律制度的控制——譬如，英格蘭法律准許「有罪」或「無罪」這兩大類，可是蘇格蘭法律還有第三類「未經證明」，以致有個笑話說，這可以翻譯為「無罪——但以後別再犯了」，它滿足了自治的一項基本原則：請自己管理自己的司法制度。但是蘇格蘭和英格蘭大體是視為一體統治的。一直要到一八八五年才設置「蘇格蘭大臣」這個職位，而且當時這還是內閣次要的部會。一九二六年，它終於成為重要內閣職位，正式官銜是「蘇格蘭國務大臣」。

一九九七年針對權力下放（devolution）的方案舉行公民投票，相當堅實的過半數選民贊成權力下放。一九九八年制訂的《蘇格蘭法》（Scotland Act），在愛丁堡（Edinburgh）成立蘇格蘭行政機關和蘇格蘭議會，在明確的蘇格蘭事務上從倫敦當局授予相當大的權力。二〇〇七年，蘇格蘭行政機關改名為蘇格蘭政府，這個名詞在二〇一二年得到法律承認。次年，它決定在二〇一四年舉行蘇格蘭獨立公投。聯合王國的分解現在成為鮮明的一種可能性。投票前兩天，已徹底驚動的英國三大政黨，盼望選民否決它，因此遂宣布：獨立案若遭到否決，國會將賦予蘇格蘭議會「廣泛的新權力」。或許這項承諾起了作用，公投的結果是百分之五十五反對蘇格蘭獨立。

公投之後，西敏寺方面（Westminster，譯按：通指聯合王國議會）通過《二〇一六年蘇格蘭法》，賦予蘇格蘭議會有權控制範圍相當廣泛的一些事務，包括可以修訂《一九九八年蘇格蘭法》、管理派在蘇格蘭的英國交通警察、有權保留一半在蘇格蘭收進的加值型營業稅、可以決定蘇格蘭境內的行車速度和道路標誌。相對於教育和法律，後兩項似乎是枝微末節小事，但控制小事和控制國家大事，都能滿足控制自身事務的心理。

或許這也是支持獨立的人明顯下降的原因。公投結果出來之後，不久人們又討論要發動第二次公投，而在二〇一五年的大選中，蘇格蘭民族黨（Scottish National Party）的支持度大盛，使它在國會下議院（House of Commons）的議席由六席暴增為五十六席。然而在此之後，由於新權力下放，人們的興趣淡化，並且蘇格蘭民族黨專注推動第二次公投，這或許是他們的支持度在二〇一七年大選銳減的原因，喪失了二十一席議席。目前看來，在可預見的未來，聯合王國還會維持統一局面。蘇格蘭認同意識很強大，但它沒有強大到足以讓過半數的人希望以獨立國家的形式反映出來。聯合王國的觀念依然超越存在於其組合民族之間的認同差異。

我們在這裡談到蘇格蘭和英格蘭關係的情況，其實也可套用在威爾斯和英格蘭之間的關係上。英格蘭人對於自己曾經作出的壓制行動還是沒有威爾斯人那樣敏感，這種壓迫偶爾使雙方關係不和諧。但是現在權力已下放給威爾斯議會，總算對威爾斯自治這個問題做出回應。對威爾斯語文的壓制很早以前就停止：好幾項國會法案已保證它和英文法律地位平等，而且也成立了威爾斯語的電視和廣播電台；這也鼓勵了民眾重新愛用威爾斯語。大約百分之二十的威爾斯人說的是「錦瑞克」語（Cymraeg）——人數約五十萬人左右。它是蓋爾特語文的一支，和康瓦爾語有密切關聯，兩者都可以上溯到西元六世紀在這些區域所通行的語言。

康瓦爾人也自認為是和全國其他地方不同的個別區域——康瓦爾民族主義者說，英格蘭始於「塔馬河（River Tamar）之東」——這條河把康瓦爾郡（Cornwall）和德文郡（Devon）區隔開來。康瓦爾人在二〇一四年被正式承認為少數民族團體；即使如此，對康瓦爾人獨立運動的支持還未散布超越政治邊緣。

雖然有本身強烈的認同意識，但不列顛群島上絕大多數人卻能和平相處，具有同樣的價值觀、也接受聯合為一的大想法。當然我們讀到在威爾斯和蘇格蘭都出現反英格蘭情緒的故事，也的確出現反英格蘭的事件——我有一次在柏斯郡（Perthshire）一家勞工俱樂部就遭到拒絕服務。不過這種事件相當罕見，偏執的人萬中不見其一，除了善意的「玩笑」或戲弄之外，很少有人會強調分歧。

我這個英格蘭人在年輕時有一次有幸和好幾百個蘇格蘭人搭同一班火車，到瑞克斯漢（Wrexham）去觀賞蘇格蘭隊對抗威爾斯隊的足球賽。一路上大家開懷暢飲，不斷唱歌，其中還包括一首歌〈如果你痛恨他媽的英格蘭人就拍拍手〉。我的雙手可能因為熱切鼓掌而疼痛，但是我不會把足球迷的熱情誤認是

整個蘇格蘭民族的情緒。「痛恨」是球場上的字眼，出了球場，絕大多數人的行為舉止都像成年

人。就像許多英國人投票贊成退出歐盟並非出自沙文主義、極端民族主義的思維一樣，許多蘇格蘭人投票要退出聯合王國也不是純因反英情緒。

絕大多數古代英國的「部落」在今天已經混居，工作、生活、遊玩在一起。當這個相當擁擠的島上人口趨近七千萬人時，維持凝聚力就顯得非常重要——換個方式說，如果一個民族決定切斷法律關係，就十分重要，需要以和平方式進行。過去一個世紀，聯合王國只有一個角落——北愛爾蘭——不能以和平的方式處理分合問題。

北愛爾蘭是聯合王國四大區域中最小的一員，土地面積僅占總面積的百分之五．七，人口一百八十萬，也只占總人口的百分之二．九。它成立於一九二一年，英國政府把愛爾蘭分成兩塊轄區。「南愛爾蘭」在一九二二年獨立，而北愛爾蘭仍留在聯合王國內。有些人認為「聯合王國」和「大不列顛」這兩個字詞可以互通，其實，大不列顛只包括英格蘭、蘇格蘭和威爾斯（以及少數鄰近小島），可是聯合王國還要再加上北愛爾蘭。通稱的英國正式國名是「大不列顛暨北愛爾蘭聯合王國」。

打從一開始，北愛爾蘭人口就分為新教徒（占多數）和天主教徒。新教徒大多是蘇格蘭墾殖者後代，也有小部分是英格蘭墾殖者後代。絕大多數新教徒是「聯合主義派」（Unionist），希望留在聯合王國裡；但絕大多數的天主教徒是「民族主義派」（Nationalist），希望見到愛爾蘭統一，只不過對於如何達成統一，有不同的見解。這兩大社群之間一直存在某種程度的敵意，經常爆發為暴力事件，最慘烈的暴動發生在一九六〇年代末期開始為期三十年之久的「麻煩」階段，造成三千五百多人喪生、五萬多人負傷。

一九九八年達成分享權力的《耶穌受難日協定》（Good Friday Agreement），結束了絕大多數的流血暴力活動，它的「和平紅利」有助於驅動經濟成長和降低失業。即使如此，北愛爾蘭還是一個深刻分裂的地方——「我們與他們」的文化根深柢固。生活中再也沒有比教育和居住更加分歧的元素，首府貝爾法斯特（Belfast）尤其明顯，雙方之間蓋起實質圍牆分隔彼此。這些圍牆的集體名稱是「和平牆」（Peace Walls），但是可悲的諷刺是，它們象徵衝突。它們不像沿著約旦河西岸或沙烏地－伊拉克邊界的圍牆綿延不斷、形體高大，充其量只能算是一系列搖搖欲墜的混凝土和金屬結構，它們穿過貝爾法斯特的幾個較貧窮的地區，大部分位於貝爾法斯特的北部。它們在「麻煩」時期開始時出現。許多圍牆的開端和末尾似乎毫無理由，但本地人知道為什麼：它們標示新教徒和天主教徒地區的區隔，一旦跨界、沒有圍牆，可能更頻繁發生暴力事件。

亨利．羅賓生（Henry Robinson）比絕大多數人都更了解分歧的廣度和深度。他原本是正統派愛爾蘭共和軍（Official IRA）的成員，年輕時因為把敵對的臨時派愛爾蘭共和軍（Provisional IRA）一名男子的膝蓋臏骨打傷而被捕入獄。從貝爾法斯特的柯魯姆林路監獄（Crumlin Road Prison）出獄後，他致力於化解北愛爾蘭的衝突，也奔走協調世界各地的衝突，譬如哥倫比亞。他認為圍牆阻隔了和解：「我稱它們為『衝突牆』或『仇恨牆』。衝突已經過去，但是分裂主義仍被允許繼續生根於社會，證據就是自從衝突結束以來，圍牆卻增多了。」

貝爾法斯特總計約有一百座這種圍牆。它們甚至成為觀光客參觀的景點，每年夏天可以看到郵輪送來觀光客、轉搭巴士前來參觀。它們是很奇異的並排，一方面提醒我們和平相當脆弱，另一方面又展現「和平紅利」帶來的經濟利益。圍牆的兩面，街坊都可以看到五彩繽紛的抗爭之記號和訊息。一低頭就能看到街道路邊漆著愛爾蘭或聯合王國國旗的顏色，再抬頭，牆上畫著「英國佬還沒走，我們也不走」，支持「真實愛爾蘭共和軍」（Real IRA），或「烏爾斯特將一直是英國的——絕不投降」的標語。某些建築物整面外牆畫上稱頌愛爾蘭共和軍和烏爾斯特自由鬥士（Ulster Freedom Fighters）等準軍事團體的壁畫。亨利．羅賓生對這種部落色彩的忠誠表態很不以為然，他說：「我認為兩大社群都已經安於接受叫賣恐怖，對持續這種仇恨碑文幾乎還懷抱著喪心病狂、殘酷的驕傲。這是一個溫度計，告訴我們若不妥善處理，事情可能會出岔錯。」

其實全國各地都有分裂的現象。雖然程度較小，其他城市地區如倫敦德里／德里（Londonderry/Derry）也有圍牆。我們在小型城市比較難看到分界線——但它們的確存在。有一片住宅區可能絕大多數都是新教徒，另一片住宅區則幾乎全是天主教徒。城鎮若有一條河，它或許就是分界線。我們很容易就發現某個地區九成以上居民若非聯合主義派、就是民族主義派。日常生活中，許多人照常互動，而在中產階級社區，住宅區也比較多元化；許多人並沒有刻意選擇不和街坊鄰人交往。但是已經嵌入在社會的政治和宗教結構塑造他們互動的方式，確保他們過著平行、各不相擾的生活。

目前很難打破這些根深柢固的分歧。和街坊鄰居——尤其是國民住宅社區——分隔一樣，學校也畛域分明。想要整合教育系統的計畫沒有成功，最近的研究發現，北愛爾蘭幾乎半數學校，百分之九十五的學童屬於同一種宗教。另一個世代的學童即將在屬於非此即彼的兩大主要派系的教育系統中長大。二〇一〇年，北愛爾蘭首席部長彼得．羅賓生（Peter Robinson）說：「這是一種善意形式的種族隔離，它從根本上傷害我們的社會。」亨利．羅賓生同意這個論點，他也說：「圍牆是過半數的人在分隔的宗教學校教育其子弟這種非實體的圍牆和分裂的表徵。北愛爾蘭有一種分隔的文化，和一種整合的政策，兩者是牴觸的……它沒有足夠的社群支持或專注要在雙方建構橋梁。」

雖然想要結束分歧的努力似乎陷入僵局，但有些現象卻可能很快產生影響：人口狀態正在改變。愛爾蘭在一九二一年分治之後，北愛爾蘭的新教徒和天主教徒呈二比一的比例，這個比例一直維持到一九七〇年代初期。可是，現在新教徒在整體人口當中已經不占過半數：根據二〇一一年的人口普查，新教徒（包含各種不同教派）只占百分之四十一．六，天主教徒占百分之四十．八。近幾十年來，上教堂的人減少，衝突的宗教色彩已淡去，但是它換上了文化認同的色彩：一個人是天主教徒或新教徒可以顯示他是聯合主義派或民族主義派。由於新教徒地區的出生率和宗教認同度下降得比較快，天主教徒有朝一日可能成為多數派，這種情勢將對北愛爾蘭在聯合王國的地位產生政治影響。

在英國脫歐公投之後，此一地位已經出現問題。北愛爾蘭和愛爾蘭的邊界是聯合王國唯一的陸上邊界；現在應該如何處理？本區域的人民和企業已經習慣可以自由跨過邊界移動和貿易。它會如何改變？這將產生深遠的後果影響，甚且可能波及脆弱的和平，以及推升支持北愛爾蘭和愛爾蘭的統一。英國政府已經表示不打算訂定邊界控制，但是這樣做本身就產生一些問題——它將允許聯合王國和歐盟之間的人員和商品有一條開敞的大道，這不就是投票贊成脫離歐盟的選民所希望控制的邊防嗎？

脫歐公投暴露出聯合王國全國的分歧現象。它加劇了舊分歧——因為在蘇格蘭和北愛爾蘭的過半數選民都贊成要留在歐盟——也暴露出人民內部的種種分歧。

英國社會最明顯的一個分歧一向就是階級有別，至今仍是如此。它或許沒有過去那麼清晰——一位中產階級的教員薪水可能沒有工人階級的水管工人賺得多，一個火車司機賺的錢可能比中階管理職的薪水還要高——而且今天的社會流動和多樣化也比過去大。然而，大部分的社會流動研究都說，上私立學校、再升入羅素集團大學（即全英國頭二十四名大學）之一的男女，在人數上仍然主宰全國最高職位，其比例遠超過他們占全國人口的比例。有人或許會說，這些人事實上受到最高等教育，因此是最適合任職的人物；但是也有人說，制度使得國家無法物色及運用最優秀的人才。

英國全國人口只有百分之七上私立學校，但他們主宰了司法界、武裝部隊、英國廣播公司、大型企業、公務員系統及兩大政黨的最高階層。譬如，文官系統最高階的常務大臣有百分之五十五是私立學校畢業生，高階法官也有百分之七十一是私立學校畢業生。英國大約一半的報紙專欄作家是私立學校畢業生。二〇一四年社會流動及兒童貧窮委員會（Social Mobility and Child Poverty Commission）的一份報告發現，英國廣播公司很有影響力的節目「質詢時間」（Question Time），百分之四十三的來賓出身劍橋大學或牛津大學。另外還有別的因素助長社會持續維繫這種失衡現象。許多大型公司只提供無薪的實習生位子，除非年輕人的父母能夠補貼他們的生活費，這種作法實質上阻絕了一些年輕人的申請。因此，富家子弟（許多是念私立學校）得到經驗和人脈關係，有助於他們在職涯上的成功。

在政界和媒體界都不成比例地擠滿了許多私立學校畢業生之下，後者更能主宰公共討論，在影響民意上會有巨大力量。可是這也可以說他們代表少數派觀點，有遮蔽反對意見真正受歡迎程度之虞，從而造成一種情勢，大量的人因為心聲不受重視、愈來愈有挫折感。脫歐公投時就出現效應，二〇一六年六月英國選民以極小差距通過退出歐盟提議，使得政界、企業界和傳媒界大受衝擊。比較不自大的人士因而驚醒，發覺他們竟然與廣大選民如此脫節。

自從脫歐公投後，就一直有人討論「被甩掉的人」（left-behinds），這個詞通常指的是加入歐盟和全球化並沒有使他們生活改善，反而要與低度技能工作、或甚至失業的人競爭。投票支持退出歐盟的人有種種不同理由，也來自百工百業，但一定有許多人來自英格蘭和威爾斯的貧困地區、從前的勞工階級地區，反映出窮人和富人之間傳統的階級分歧。

舊的分歧很難克服，同時有些評論家已經開始舉出社會上的新分歧。

作家大衛·顧哈特（David Goodhart）在二〇一七年寫了《前往某些地方的道路》（*The Road to Somewhere*）這本書，提出「從任何地方（Anywhere）看待世界和從某些地方（Somewhere）看待世界這兩種人之間的重大新差異」。他說：「『任何地方』這一派主宰我們的文化和社會。他們通常在學校課業不錯，在即將成年前從家裡進入寄宿大學，再進入可能到倫敦或甚至海外歷練一兩年的專門職業。」「任何地方派」不論到哪裡，不論是柏林、紐約、上海或孟買都覺得悠遊自如。另一方面，「某些地方」這一派則有更清晰界定的認同意識。就和英國大多數人民一樣，他們住在自幼成長的地區二十英里路範圍之內，認同鄉里、區域和國家——他們更「生根」。

「某些地方派」當中有許多人的工作因為全球化產生經濟變化而逐漸消失，他們的勞動階級文化近年來也被邊緣化，尤其是在全國的討論中不受重視。Cosmopolitan 這個字源自希臘文，意思是「世界公民」。我們的確是同一個民族，但要去說服某些在他們成長環境二十英里之內居住的人，這些人具有強烈的在地認同、不具備可以跨大陸轉移的工作技能，卻要他們相信自己是「世界公民」，這還真是艱鉅的挑戰。

顧哈特認為英國有四分之一人口是「任何地方派」，大約二分之一是「某些地方派」，其餘是中間派。這都是大約概述和粗略的定義，但是在透過非只是階級、而是世界觀的稜鏡來了解現代英國，卻相當有用。許多「任何地方派」的「進步人士」可能覺得尷尬要表示對國家有愛。「某些地方派」人士就不會——他們的世界觀至少在一九七〇年代末都是英國社會已經接受的「事實」，但是多元文化社會、平行文化的興起，以及高等教育的普及，挑戰了這一認同。

英國工黨傳統上是勞動階級的政黨，現在愈來愈傾向中產階級「進步人士」，這些人當中有許多人傾向「任何地方派」的世界觀。一九六六年的大選，哈洛德．威爾遜（Harold Wilson）領導的工黨，獲得一千一百萬張勞動階級選票和兩百萬張中產階級選票，贏得政權。二〇一五年大選，工黨得票約有四百二十萬張來自勞動階級、四百四十萬張來自中產階級。這個變動模式已經降到翻轉的範圍之內，不只是因為傳統勞動階級的工作已經式微，也因為傳統上專注勞動階級最重視的議題——就業、住宅和犯罪率——的工黨，顯然已愈來愈關心其他議題，包括認同政治。

這些不同的認同——不論是全球的、還是更草根的——在關於英國脫歐公投之前和之後，針對認同、民族主義和移民問題的辯論時，已經相互衝突。數十年來，從許多方面而言，這是隱形的討論，因為政治界和傳媒界似乎都不願碰觸它。即使如此，國內大量的人口對它們卻有既廣又深的討論。

歷任政府都支持為了目前及未來經濟的健全發展，英國需要大量外來移民的想法。這樣做的確有相當強大的理由。只要稍微瞄一下英國任何一個大城市，就會發現如果國內所有外來移民同一天休假，交通運輸、醫療照護和其他許多產業恐怕就要停擺。然而，政府欠缺的就是伴隨的國民住宅和醫療照護經費，當權者往往摒棄人民的關切，沒有停下來聆聽他們的心聲。

有一個例子發生在二〇一〇年英國大選競選期間。當時的首相戈登・布朗（Gordon Brown）在北部的羅希岱爾市（Rochdale），和終身的勞動階級工黨選民、六十五歲的吉莉安・杜飛（Gillian Duffy）在街邊對話，透過電視向全民直播。杜飛太太針對國家負債、教育和醫療照護等議題發表意見之後又說：「你不能對這些移民有任何議論，因為你一說了，你就是ＸＸＸ，但是所有這些東歐人啊，他們究竟是從哪裡來的呀？」她的評論似乎要表達，她覺得，她若表示不敢斷定她老家的變化速度，會被認為有種族歧視。首相卻不知不覺地證實了她的觀點。布朗和她說說笑笑、拍拍她肩膀、祝她萬事如意之後，坐上他汽車。這時他忘掉麥克風還未關掉，就對助理說：「糟透了！我剛才……你們不應該讓我跟那女人說話。是誰出的主意？」助理問，她說了什麼？首相說：「什麼話都說。她就是那種頑固派女人。」這一刻，數百萬焦慮自己的老家會變成什麼模樣的英國人，發覺首相認為他們全是頑固份子。

許多經濟學家認為英國的確需要外來移民，問題出在它發生得太快，二〇〇四年十個東歐國家加入歐盟後，政府在評估開放移民政策時，沒有考量到後果。政府的評估太偏離事實。二〇〇三年呈交給內政部的一份報告聲稱，如果德國和其他歐盟大國也維持其勞工市場開放，每年會有一萬三千名移民從波蘭和匈牙利等國家入境。結果這變成一個攸關重大的「如果」。英國政府說：「歡迎，請進。」而絕大部分其他歐盟國家卻說：「請勿進來。」——事實上，在二〇〇四年只有英國、愛爾蘭和瑞典三個國家允許東歐人立刻進入其勞動市場。其餘會員國訂出種種限制，要分若干年漸進開放。到了二〇一五年中期，單單波蘭一國就有約九萬人來到英國。根據英國國家統計局的調查，在二〇〇四年至二〇一六年期間，每年淨移入英國的移民平均為二十五萬人。合計起來，大約相當於六個利物浦（Liverpool）的人口。

鑒於這些統計數字，也就不足為奇，二〇一一年You Gov一項調查顯示，百分之六十二受訪者同意這個說法：「英國近年來已經變得無法辨認；有時覺得它像個外國，這一點讓我覺得不舒坦。」有些人立刻逮住說，這種情緒正是仇外的證據，是對加入歐盟和全球化的好處的一種不理性的回應。對於看到自己的街坊或城市地區產生快速變化的人而言，這有點不公平。某些地方已經被改造，那是事實；這會讓某些英國人覺得不舒坦也很明顯，彷彿是說如果大量外國人突然搬進幾個小西貢，本地人會覺得不舒坦。

帶有諷刺意味的是，貶抑勞動階級區域產生中產階級「仕紳化」，以及了解勞動階級可能不會完全接受這種改變的人，往往就是同一類型的人，他們也經常批評那些擔心移民會改變其街坊社區的人。「仕紳化」有時甚至被稱為「社會清洗」，而移民則被稱為「多元化」。實況幾乎總是如此，講這些話的人比起那些生活在現場的人，更少受到影響。貶抑那些享有相對同質的文化、而今卻不確定他們在未來世界位置的人，只會把他們逼得投向利用他們的焦慮的人——真正的頑固偏執份子——的懷抱。

現在絕大多的數英國人都接受族裔平等、性別平等和同志婚姻的概念。反對外來移民進入英國並未必就等於反對移民。就好比對改變感到不舒坦和種族歧視兩者之間有別一樣，愛國主義和民族主義兩者也有差異。我個人對前者的部分定義是「愛自己的國家，也尊重別人的國家」，後者是「愛自己的國家，卻蔑視別人的國家」。歷史告訴我們，需要一段時間我們才能對「別人」感到舒坦，但是在妥當管理下，「我們」和「他們」都可以學習互相擁抱。

談到宗教這個棘手議題，這個說法也可以成立。二〇一一年的人口普查發現，英格蘭和威爾斯有數十種宗教，包括「絕地武士」（Jedi Knights）[3]、「重金屬」（Heavy Metal）和「撒旦教」（Satanism）。然而，這些教派，加上基督教、伊斯蘭和印度教，信徒在六千五百萬人口中沒超過過半數。

大約三分之二的人沒有隸屬某個教堂或聚會所，這就凸顯出北愛爾蘭的不尋常——北愛爾蘭堅強的宗教認同並未反映聯合王國其他地區的現實。上教堂禮拜的整體人數已經逐年降低，這個趨勢始於一九五〇年代，而後速度加快。儘管基督教急劇下降，二〇一一年人口普查時仍有百分之五十九點三的人——即三千三百萬人——自稱是「基督徒」。這明顯是文化遺跡，因為過去幾乎全國都宣示信仰基督教，它也顯示出，即使許多人不接受基督教的教義，他們在文化上還是認同基督教的歷史與傳統。但是這也正在淡化：二〇〇一年的人口普查，有百分之七十二的人自認是基督徒。

除了百分之五十九．三是基督教徒之外，二〇一一年人口普查發現，百分之四．八自認是穆斯林，百分之一．五是印度教徒，百分之〇．八是錫克教徒，百分之〇．五是猶太教徒。換算成人數就是：穆斯林大約二百七十萬人，印度教徒八十萬人，錫克教徒四十二萬三千人，猶太教徒二十六萬三千人。再加上「無宗教」這一類，它們是人數最高的六大類。從紀錄來看，絕地武士教信徒十七萬六千人，排名第七——也可能是這些人幽默感十足吧。自命為撒旦教徒的只有一千八百人。

絕地武士教和巴力西卜魔王教（Beelzebub）信徒未來是否會增加，我們很難預測，但是主要宗教的未來趨勢則不難預測。英國成長最快的宗教是伊斯蘭，特別是因為出生率、移民和虔誠度使然。自認是基督教徒的絕大部分英國人並非純宗教因素——實際上英國人奉行基督教禮拜儀式的人數還不到百分之七——二〇一四年一項調查發現，百分之九十三的穆斯林說，他們實踐宗教儀式。虔誠度有多大、文化壓力有多大，很難判斷，因為在絕大多數穆斯林文化中，宣布「信仰」無神論是不能被接受的。鑒於追隨者眾多，再加上英國每三個穆斯林就有一人年紀在十五歲以下，伊斯蘭崛起成為英國第二大宗教是可以預期的。再加上移民不斷湧入，基督徒社群上教堂的人又在下降，伊斯蘭也不無可能成為英國最多信徒的宗教。

不過這跟穆斯林人口的實際規模則又不同。二〇一一年，英國人每二十人中大約有一人是穆斯林，但民眾對比例的認知卻相當不同，這一點和全歐洲一樣：英國市場調查公司易普索—莫利（Ipsos Mori）的民調顯示，大部分的英國人把穆斯林的人數高估了約三倍。穆斯林和非穆斯林同樣都有高估的傾向，有部分原因可能是穆斯林集中居住在城市地區——百分之八十的穆斯林聚居在四大區域：約克郡、西北地區、西密德蘭和大倫敦地區。

這種聚居現象導致一種情勢，出現平行的社會，造成分歧和挑戰社會凝聚力。某些大城市——如魯騰（Luton）、伯恩利（Burnley）、曼徹斯特（Manche-ster）和歐德翰（Oldham）——居民壓倒性是穆斯林，與附近、非穆斯林居優勢的街坊很少有接觸。多元文化在這方面沒有幫助——它阻礙同化、也破壞社會凝聚：我們有成為許多不同文化的社會之虞，「我們與他們」的心態和生活方式反倒更加強化。

第二次世界戰之後，英國某些區域有一段時候很努力想成為多元文化的社會。英國人現在處於加速大量移民的時代，也在進行同樣的調整，但是現在卻包含又一個重大因素——宗教；我們從北愛爾蘭已經看到，宗教可能是最難癒合的分歧。絕大多數的宗教其核心主張都是它們才代表真道，其他宗教至多只是誤導，它們只想區隔人們——這種不受歡迎的發展卻是某些宗教領袖所積極鼓勵的動作。伊斯蘭尤其是如此，因為相較於其他宗教，穆斯林團體的政治參與程度更大，也受到媒體更大的注意。當然有許多例子告訴我們，跨宗教的男女人士努力要拉攏縫隙，但太多清真寺的傳教士其文化是促進「我們和他們」的心態——英國政壇的許多右翼人士同樣也有這種毛病。

伊斯蘭很早就出現在英國。一六四一年一份文件提到「馬洪麥登宗派」（a sect of Mahomatens），《古蘭經》的第一份譯本在一六四九年出現於英格蘭。然而，五十年前估計穆斯林人口約五萬人；現在卻接近三百萬人。這是非常迅猛的增加，幾乎全都出現在過去五十年，再加上英國國內的社會態度也快速改變。我們看到上教堂的人數下降，信仰在萎縮，但宗教自由愈來愈被接受。墮胎已經合法，同性戀也已經合法。同志婚姻和同性戀認養小孩現在也稀鬆平常，不管某些基督徒怎麼說，過半數英國人接受絕大多數的變化。

這裡頭出現的緊張是因為出現一個宗教，它的許多信徒及領袖不接受上述現代自由派的生活，認為這種變化有違他們的基本教義。英國民意研究機構ICM Research在二〇一六年進行一項調查，發現百分之五十二的英國穆斯林受訪者認為，英國法令應該再改回去，宣告同性戀為非法。如果其信徒人數少、沒有力量改變現狀，這種態度不會是問題。譬如，英國人數極少的「極端正統」的哈西迪猶太教徒（Hasidic Jewish）不會介入多數人口的文化戰爭，滿足於在自己社群裡追求自己的東西。可是，伊斯蘭在現在、以及未來更加可能處於讓本身觀點廣為周知及遵行的地位，它對社會產生的重大影響要看它是哪種形態的伊斯蘭而定——一種是多元主義、吻合多數文化，另一種則追求每個人都要翻轉自由派的改變、或是堅持對不同的人要有不同的法律。

在英國和其他地方，會不會出現伊斯蘭的歐洲化，或是一大片歐洲城市地區的伊斯蘭化呢？目前，這兩種情況都有。數百萬的現代歐洲人正是穆斯林，他們完全參與在他們是其公民的國家之組織結構中。但是也有穆斯林居壓倒性多數的城市地區，經常有些企圖控制他們的人在宣揚暴力的伊斯蘭意識形態。後者愈能散播的話，前者就愈難抗拒它。

針對「我的宗教跟你有什麼關係」這個問題，答案是：我們都是英國人，因此享有權利主張及宣揚我們希望何種社會的觀點。宗教信仰和人為法律的政治場域衝撞的那一刻，我們全都有發言權：任何試圖禁止同性戀的基督徒民宿業者，很快就會發現這一點。聲稱支持已經創建的相對進步的社會之人士，必須對這種進步的合法性表示信心，以便繼續享有前人世代政治工作的成果。隨著「文化相關性」的興起，以及深怕對不同文化面向的任何批評會被貼上種族歧視的標籤，這種信心多年來似乎逐漸消退。當然，有些人聰明地發現了這種焦慮，並利用它來封閉辯論。種族歧視是一個愈來愈方便拋出來的淺薄的詞語，在許多情況下扭曲了我們對社會實情的理解。

基本上，這種恐懼似乎源自對殖民主義的巨大邪惡，感到壓倒性的尷尬，或甚至內疚。因此，懸掛英國國旗可能會令人內心不安，但在英國舉行文化活動時、升起前英國殖民地的國旗，卻成為正當表達文化的自豪。有一種愛國主義是壞的，另一種愛國主義則是好的。這種態度很有趣，摻雜了內疚、家父長作風和威權主義。許多英國人對文化上如此卑躬屈膝感到困惑，因為他們並沒有倡導這種優勢論述的人士之知識包袱。喬治．歐威爾（George Orwell）非常清楚這一切。早在一九三〇年代，他就在〈獅子與獨角獸〉（The Lion and the Unicorn）這篇文章中寫道：

英格蘭或許是唯一的大國，其知識份子以自己的國籍為恥。左翼圈子總是覺得身為英格蘭人，有些事情實在不光彩，因此有責任嘲笑英格蘭每一種體制，從賽馬到羊脂布丁都在列。這是一個怪異的事實，但是毫無疑問卻是真的，幾乎每個英格蘭知識份子在聽到「主佑英王」要站立起來時，那股羞愧感竟比偷窮人財物還要大。

歐維爾在此明指的是英格蘭，或許他的觀察可提供線索，讓我們了解某些投票支持脫離歐盟的英格蘭人之心態——這些人的確有強大的民族認同和驕傲意識，對似乎脫離民眾生活的政治和媒體階級感到困惑不解。在出現這種表述之前，歐威爾已經是評論界的一員。他在當時，和在今天都一樣，都是不尋常的例子——他坦誠講出許多人對英國文化的感受，也教他嘗試更深刻去理解。

聯合王國過去面對民族主義情緒和階級、宗教分歧時都能挺住。現在又再度受到考驗——它是否能夠再次克服這些分歧，重建二十世紀相當凝聚的社會，還有待觀察。哈德良長城告訴我們，我們的分歧歷史悠久，貝爾法斯特圍牆告訴我們，我們還有長遠的路要走，以及事態可能如何惡化。

我們可能看到現代英國社會的裂痕，以及相互競爭的論述，然後體認到平衡不同派系的合理關注是多麼重要。無論在英格蘭、北愛爾蘭、蘇格蘭或威爾斯，社群都需要以共同的經驗結合起來，無論是如何難以界定，都要以共同的價值觀，把各個民族國家在某個程度上聯繫在一起。最糟糕的噩夢是，未來我們退回到各自的領域——這些部分加總起來卻不等於總和，它削弱了整體。

譯註

1 查爾斯・愛德華・斯圖亞特（Charles Edward Stuart, 1720-1788），是詹姆斯・愛德華・斯圖亞特（James Edward Stuart）的長子、英格蘭國王詹姆斯二世兼蘇格蘭國王詹姆斯七世（一六八八年光榮革命時遭到推翻）之孫。查爾斯・愛德華・斯圖亞特自命斯圖亞特王朝應該復辟為不列顛國王。但是因為戰敗、稱王不果，他在歷史上被稱為「小僭主」（The Young

Pretender）、「小騎士」（The Young Chevalier），也有「英俊王子查理」（Bonnie Prince Charlie）稱號。

2 英格蘭和蘇格蘭自一六〇三年已由同一個君主治理，但是議會還是分開。一七〇六年和一七〇七年，英格蘭國會和蘇格蘭國會分別通過所謂《一七〇七年聯合法案》這一對國會法案，把兩個王國簽訂的《聯合條約》（Treaty of Union）之條款內容以法律形式確定下來，兩個王國結合成為大不列顛王國。

3 「絕地武士」（Jedi Knights）是電影《星際大戰》（*Star Wars*）世界中的光明武士團體，以維持宇宙光明勢力為己任，他們懷有高明的戰鬥技能與高尚的品德。其行為準則被認為融合了騎士精神、武士道、佛教及道教等思想或宗教。二〇〇一年，某些英語國家出現一個草根運動，鼓勵居民在人口普查中把他們信仰的宗教標示為「絕地武士教」。

結論

「已有的事，後必再有；已行的事，後必再行；陽光之下並無新鮮事。」

——《傳道書》（*Ecclesiastes*）第一章第九節

二十一世紀初期，巴格達深陷轟炸和綁架風暴之際，我是個戰地記者，有一天和兩位同事冒險溜出綠區。當時踏出「綠區」的標準作業方式是：坐上車窗貼滿遮陽紙的破舊汽車後，就在後座乖乖窩躺下來，前座還有兩名配備長槍的保鑣護駕。我穿過由美軍士兵守衛的最後一站哨所後，每踏出一步都可能會有重大影響。每踏出一步都代表更遠離安全——萬一出了狀況，可能就叫天天不應、叫地地不靈。

綠區之外是個怪異的空間，這裡人跡罕見，沒有人真正當家管事。這裡沒有結構、沒有法律，踏進此一「無人境地」的人立刻落入「我們」或「他們」的類別。過去新聞記者被認為是中立人士，但那種時代多半已成為過去，在許多衝突中，我們成為懲罰的目標，或是待售或勒贖的牛犢。這一次，我們只踏出幾百碼，與一群平民講話，因為太緊張，就趕快退回到相對平安的綠區裡。當時的綠區頻頻遭到砲擊，但我們都認為寧可被砲彈打死，也不要落入阿布·穆沙布·札卡威（Abu Musabal-Zarqawi）率領的揮舞大刀的徒眾手中——他們就是「伊拉克凱達組織」的胚胎。

這些詭異的空間——雙方之間的空間——通常是由我們的衝突和分歧所創造出來。有時雙方還在拉鋸、爭奪它們，有時它們是雙方認可的緩衝地帶。不論是什麼性質，踏進這種區域是十分緊張的經驗。冒著生命危險而去，深知每一方都拿著武器對著你。

現代就有許多實例。賽普魯斯（Cyprus）分為兩塊地區，分由希臘裔和土耳其裔賽普魯斯人管治，中間有一塊一百一十一英里長的緩衝區。最嚴峻的是法瑪古斯塔市（Famagusta）的瓦羅夏（Varosha）地區。一九七四年，居民深恐遭到土耳其部隊屠殺，四散逃亡，再也沒有回來。瓦羅夏現在被刺絲網、守衛塔和土耳其軍隊封鎖住。這座鬼城之內，除了鳥鳴之外，靜悄悄的。街道空蕩無人，人行道荒草蔓延，許多廢棄的建築物還保留戰火毀焚的面貌。夜裡，全市沉浸在黑暗中；因為無人，當然就沒有燈光。雖然目前島上有七個地點，一方的官員會檢查你的護照，然後准你走個幾百碼到達另一方，再由另一方官員檢查護照。但你無法跨越瓦羅夏的間隔地帶。雙方都密切監視中間地帶；這塊灰色地帶不在安全、舒適的範圍之內，你一直遭到監視，只要跨過去，就是「別人」那一方。

強迫分隔和暴力對抗，是我們興建圍牆時會發生的的極端效應——它們所代表的分歧顯然也無法被克服。沒有人想要它：這樣的空間和這樣的情況令人心生恐懼，也不符合人性。在嚴密監視和威脅下，從一方走到另一方令人非常不安。

在以色列和加薩之間移動是一段冷峻、孤獨的經歷：感覺好像被困在科幻噩夢和某種實驗室的實驗之間。要從以色列過境，必須通過兩個以色列檢查哨。武裝警衛從防彈玻璃後面觀看。隨身物品必須經過徹底檢查。在長長的走廊盡頭，按下一個蜂鳴器；在門咔噠一聲打開之前，上方的攝影機一直盯著你。一踏出門，身已在加薩。但這裡沒有人；站在一個被圈圍起來的走廊裡，這是一千多碼寬的無人區域（某些地方更寬）。最後，終於完全踏進強烈的陽光下、來到灌木叢中。前方幾百碼有個巴勒斯坦檢查哨等著，儘管這裡的檢查不是那麼徹底。回程，以色列方面的檢查更為嚴格：邊防警衛從有色玻璃窗後方的攝像機嚴密監視；圍牆配置聲音和觸摸感應器；現在在機場看到的那種全身掃描儀已全面使用；行李也要徹底翻查是否藏有爆裂物。

這似乎是一種不友好或過於嚴格的例行公事，但毫無疑問，它有效用。圍牆降低了自殺炸彈客從加薩進入以色列的可能性，無人區的設計也把將以色列為目標的火箭射程推後至少一千碼。這是大家都不會覺得舒坦的事實。是的，看到加薩圍牆、孟加拉四周的障礙物、匈牙利和塞爾維亞之間的刺絲網，凡此種種，都令人難為情，也證明了我們對於解決分歧無能為力。我們很容易譴責興建圍牆的趨勢；圍牆確實可以讓人產生假象，以為棘手的問題已得到解決。不過，圍牆可以暫時並且部分地緩解問題，各國也在努力尋求更持久的解決辦法，特別是在衝突地區。加薩圍牆，配合其他許多措施，譬如金鐘罩反飛彈系統，已大大減少以色列方在衝突中的死亡人數。沙烏地與伊拉克的邊牆也有助於防堵伊斯蘭國恐怖份子的滲透。

但是，非衝突地區的圍牆該如何解釋呢？匈牙利興建刺絲網的政策，就實質意義和政治意義而言，已經降低人口移入，但不可能完全阻絕人們進來。而且大規模移民在可預見的未來也不會停止。移民是為了躲避貧窮和／或暴力，投奔更富裕、更安定的國家。固然貧窮和衝突在中東和非洲相當普及，也可能持續不斷，移民潮將持續湧至、甚至上升。全世界的人口還在增長：非洲已經普遍貧窮，但是估計在三十年之內，其人口將倍增，由目前的十二億人增加至二十四億人。因此，雖然貧窮率下降，但因為人口大增，陷入貧困之境的人數可能更多，能改變他們處境的希望與機會微乎其微。

有些富裕國家將繼續興建圍牆，以抑止外來移民湧入。然而有些人主張，不只應該拆掉圍牆，還應該廢除邊界——允許完全自由移動，讓任何人都可以隨心所欲到地球上任何地方。

佛瑞斯諾太平洋大學商學院助理教授納丹．史密斯（Nathan Smith）二〇一七年在《外交事務》雜誌發表文章，描述這種「開放邊界」的觀念：

一種近乎全球人口完全自由移動的體制，只有防止恐怖主義和傳染病傳播等罕有例外……以這種方式停止移民管制將增進自由、降低全球貧窮和加速經濟成長。但是更根本的是，它將挑戰政府基於主權此一專斷的理由管制移民的權力……更有效率的勞動分配將使得全球生產力上升，並且讓世界經濟規模幾近倍增。甚且，經濟活動如此提升後，將大大有利於全世界最貧窮的人口。

史密斯認為透過開放邊界，可以終結世界貧窮，因此可說是西方人士應盡的道義責任，尤其是從矯正歷史錯誤的角度來看。甚至還有一種觀點認為，在一國之內實踐公民權一如奴隸買賣般殘暴和歧視，將公民權利置於人權之上，就合法化了某些人比別人更有人權的觀念。如果事態如此發展，西方資源承受的壓力將會極其之大：譬如，福利國家制度實質上必須被拆除。史密斯承認，「開放邊界可能導致西方國家內可以看得見的極端貧窮大幅增加」，但他也反駁：「依據西方標準認定的貧窮，在世界上許多國家卻被認為是富足。」因此，造福數百萬人的結果當然比給西方人帶來不便和負面影響更為重要。

乍看之下，這個論述言之成理。可以說，因為一切都「拉平」了，所以合乎人道。可是，這個說法並沒有考慮到兩個關鍵因素。第一個問題是，這種大規模移動對於遭到捨棄的國家將產生什麼效應？初期的向外移民將是財力相對雄厚的人，不需要祈求人口販子幫忙、走危險的道路穿越沙漠和大海。這些國家將因為醫生、教師和其他受教育人士流失，走上衰退——不再有任何進步的前景。

第二個問題是人性——或講得更白，就是團體認同。有一派樂觀的觀點是，受納這一方的民族國家將會掙扎，但是會應付，它們將吸納新來者。但是看看歷史、也看看現狀，我們可能需要對人性有更謹慎的觀點。現實上，人口大量移動已經引爆不安：當大量外來者蜂擁而至時，本地人並不樂見。這對歐洲政治的影響顯而易見：政治上已尖銳地移向右翼和極右翼。全球亦然。我們經常在報刊上讀到文章，譴責西方國家有限制最嚴格的移民法律，和全世界最高度的種族歧視。其實他們對別的地方也很了解；其他區域也一樣反移民、暴亂、宗教不寬容和種族歧視。全世界都感受到全球化和人口大增的壓力，我們看到民族主義——俗世的和宗教的皆然——因此勃興。譬如在印度，鑒於對目前移民湧入東北地區各省的態度，我們看不到來自孟加拉的移民大增之後，兩國之間的摩擦有降低的可能。

在其他地方，自二〇一四年以來，巴拉圭恩卡納雄鎮（Encarnacion）居民就被沿著阿根廷那一方河流的一道十五英尺高、一英里長的鋼筋水泥牆，和他們的阿根廷波薩達斯（Posadas）鄰人隔離開來。官方對興建圍牆的理由含糊其詞，但是脈絡卻很清楚：南美洲最自由化的這幾個國家對外來移民愈來愈焦慮。玻利維亞和巴拉圭緊鄰，玻利維亞人也移入阿根廷。這讓阿根廷北部沙爾塔省（Salta）國會議員阿佛瑞多·歐麥多（Alfredo Olmedo）說：「我們必須興建圍牆……我百分之百同意川普的看法。」

開放邊界在目前的氣氛下是行不通的——甚至在可預見的未來也行不通。當然，「民族國家」的概念是行不通的因素之一。當我們起草《外太空條約》（Outer Space Treaty）時似乎已經認知到這一點。聯合國針對太空主權所訂定的這項法律指出：外太空，包括月球和其他天體在內，不得因主權要求、透過使用或占用的手段，或其他任何手段遭到國家專用。

《外太空條約》規定，外太空做為「全體人類的領域」開發和使用。《月球協定》（Moon Agreement）又擴大這些條款，表明：月球（或太陽系中的其他天體）的表面或地下，或其任何部分或自然資源，均不得成為任何國家、國際政府間組織或非政府組織、國家組織或非政府實體或任何自然人的財產。

然而，就地球而言，從頭開始為時已晚。地球和其人類居民已經太複雜，很難突然轉變為全球政府，在新體制下，解散民族國家，把全世界改成「全體人類的領域」。基於以下不同的理由，經常有人預言民族國家會死亡：全球化、類似歐盟的聯邦式超級結構、城市國家的崛起，以及最近類似比特幣等加密貨幣的興起等等。不過，民族和國家依舊生存。而且，我們所生存的民族國家世界，雖有種種瑕疵，卻可帶來相當的穩定。我們已經走過長遠的一段路，即使前途仍有漫長的路要走。我們若把第二次世界大戰之後的時代和之前的七十五年做個比較，就會發現我們的進步不小。就全球而言，識字率上升，貧窮率下降。疾病已經受到抑制，嬰兒夭折率下降，婦人難產致死率也下降。透過科學方法、民主原則和優秀領導，這項進步還可以持續下去。

然而，有一點很清楚，如果我們不能把更多資金引入到絕大多數人生活的地方，當中的許多人將試圖遷移到金錢所在之處。在立即的未來，外援預算應該增加。在近期的未來，我們需要替開發中世界訂出一個二十一世紀的馬歇爾計畫（Marshall Plan），以駕馭二十國集團國家（G20）的財富、進行全球財富重分配。第二次世界大戰的大破壞之後，馬歇爾計畫使歐洲復興重建。這是一項由美國推動的艱鉅的工程，相信雙方會因此得到裨益之下努力執行。我們現在需要一個範圍更大、雄心更大的計畫，在執行時深信將造福每一個人。這應該包括開發、基礎設施、貿易、教育、醫療和氣候變遷。

我們已經嘗到不這麼做會發生什麼狀況的苦頭。外來移民將持續、而且增長，富裕國家面臨對其本身繁榮和安定的這項「威脅」，將對他們擁有的東西——領土、服務和文化——採取更加保護的措施，更點燃民族主義運動以及興建圍牆的恐慌症。政治將變得更加醜陋、圍牆將愈蓋愈高，而且會以愈來愈暴力的手段實質性地擊退企圖跨牆而來的人。許多強硬派和仇外主義者（通常是同一人）主張零移民。從人道主義和經濟觀點來看，這都不是好事。

西方國家在中期未來需要外來移民才能維繫本身的永續發展。我說「中期」是因為我還沒有看到有任何預測指出，若是達到轉捩點——當科技取代了許多工作、不再需要大量移民時——將會是什麼狀況。但是，目前的世界需要可永續水平的移民，譬如：移民不能傾空孟加拉、造成印度動盪。但是要如何控制，我們不清楚：應該允許誰入境？——經濟移民可以裨益國家繁榮；逃躲戰禍或迫害的難民要怎麼辦呢？誰來決定哪些人歸入後者這一類型呢？應該允許多少人進來呢？

要用什麼方法把這些新來者融入而不致給本地人造成麻煩呢？絕大多數西方國家接受、甚至有些擁抱多元化。「種族純潔」的觀念早已不復存在，只限於邊緣，譬如二〇一七年發生在美國維吉尼亞州夏綠蒂維爾市（Charlottes-ville）白人至上主義者的遊行。對於「他者」有任何程度的暴力都不能被接受：譬如，在德國對移民收容中心投擲火彈就是可恥的行徑。

固然絕大多數西方人不會有這種極端行為，但他們的確希望維持自身文化的基本價值。經歷數百年的流血、帝國主義和其他許多禍難之後，西方國家今天是以民主、性別平等、宗教自由和言論自由等共同信仰支撐起來的體制。很自然地，有時一個國家不依本身的文明價值行動，但是這種偽善並不代表他們的價值不復存在。大多數人所要求的是來到他們社區的人分享他們的價值，或者至少要容忍、不鼓動對抗。絕大部分的現代歐洲人不反對同性戀伴侶當鄰居，但是，反同志的鄰居若是發動仇視同性戀的行動，他們會不高興。因此我們需要找到方法讓新來者加入既有社群，不追求破壞其價值。這不是涉及種族或宗教的問題，也不是單純的禮貌問題：客人進來要捧盤子的唯一一個地方是希臘人的餐廳。以雙向關係而言，主人也有責任讓客人覺得賓至如歸，這也適用於全世界每個國家和文化的賓主相處之道。以這種方式，雙方都可以建造橋梁，彼此拉近距離。

在普世接受人類皆為兄弟、世界不再競逐資源之前，我們仍將興建圍牆。過去以來一直是如此。我們是動物。很棒、有時候也很美麗、有時候就相當醜陋，我們的能力難以想像，我們的想像力無限，但是我們仍是這個世界的造物，而且和每一種造物一樣，我們需要我們的空間。

有句諺語說：「好圍籬製造好鄰居。」這不是某種平淡的民間說法；它講出實體上和心理上無可避免的真實界線。我們規畫的未來是希望一切美好、但必須對壞事戒慎恐懼，因為戒慎恐懼，所以才與建圍牆。

然而，如果這是對人性的定論，人性還是有美好的一面。我們有能力思考、建造，也可能在圍牆之間的空間注入希望——建造橋梁。國與國之間雖有圍牆分隔，但也有資訊高速公路。雖然有蓋達組織，但也有宗教對話的外展團體。雖然有飛彈防禦系統，但也有國際太空站。富有國家捐出數十億美元救濟貧窮國家。人權的法典，至少在理論上承認凡人皆生而平等。我們建立議事廳堂集會、討論和試圖解決歧見。聯合國（United Nations）、歐盟（EU）、非洲聯盟（African Union）、東南亞國家協會（ASEAN）、南方共同市場（MERCOSUR）、石油輸出國家組織（OPEC）、北約組織（NATO）、世界銀行（the World Bank），以及數百個其他跨國和全球組織，都是為了協助團結、調停衝突而成立。國際間正式承認人權狀況，透過它們，超級大部落試圖解決歧見、維持圍牆，但同時尋求更長遠的解決方案。

因此，目前民族主義和認同政治雖再度興起，但歷史的弧線還是可能轉回到團結。

致謝

感謝 Elliott & Thompson出版社全體同仁對這為期兩年的寫作計畫持續的支持。感謝 Wen Qi, Sabrina Zeng, Sam Bamba, Sameer Bazbaz, Mina al Orabi, 羅吉爾・克里彌斯博士（Dr. Rogier Creamers）、里斯・瓊斯博士（Dr. Reece Jones）、法瓦茲・葛吉斯（Fawaz Gerges）、大衛・威偉爾（David Waywell）、亨利・羅賓生（Henry Robinson）、史都華・艾爾登教授（Stuart Elden）和大衛・孔布魯斯（David Kornbluth）。

參考書目

第一章

Bandurski, David, 'China's "positive" prescription for dissent', China Media Project, 17 November 2014 (cmp.hku.hk/2014/11/17/37177/)

ChinaKnowledge.de (www.chinaknowledge.de/Literature/Historiography/shiji.html)

'China's urban-rural divide', OECD Observer, October 2016 (oecdobserver.org/news/fullstory.php/aid/5669/China_92s_urban-rural_divide.html#sthash.4EDnGCMf.dpuf)

Clapp, Frederick G., 'Along and across the Great Wall of China', *Geographical Review*, vol. 9 (April–June 1920), pp. 221–249

Denyer, Simon, 'China's scary lesson to the world: censoring the Internet works', *Washington Post*, 23 May 2016

Goh, Chor-ching; Luo, Xubei; and Zhu, Nong, 'Income growth, inequality and poverty reduction: a case study of eight provinces in China', *China Economic Review*, vol. 20, no. 3 (September 2009), pp. 485–496

Man, John, *The Great Wall* (London: Bantam Press, 2008)

Piketty, Thomas, and Zucman, Gabriel, 'Capital is back: wealth-income ratios in rich countries 1700–2010', *Quarterly Journal of Economics*, vol. 129, no. 3, 2014, pp. 1255–1310

Waldron, Arthur N., 'The problem of the Great Wall of China', *Harvard Journal of Asiatic Studies*, vol. 43, no. 2 (December 1983), pp. 643–663

Whiteley, Patrick, 'The era of prosperity is upon us', *China Daily*, 19 October 2007

Wong, Sue-Lin, and Martina, Michael, 'China adopts cyber security law in face of overseas opposition', Reuters, 7 November 2016

第11章

Channick, Robert, 'Illinois contractor bidding to build Trump's border wall – with a tourist draw', *Chicago Tribune*, 3 April 2017

Cook, Lindsey, 'US education: still separate and unequal', US News, 28 January 2015

Dear, Michael, *Why Walls Won't Work: Repairing the US–Mexico Divide* (New York: Oxford University Press, 2015)

'Education at a glance 2012: OECD indicators', OECD Publishing, September 2012 (www.oecd.org/edu/EAG%202012_e-book_EN_200912.pdf)

Goodhart, David, *The Road to Somewhere* (London: Hurst Publishers, 2017)

Hershbein, Brad, 'A college degree is worth less if you are raised poor', Brookings Institution, 19 February 2016

Martinez, Oscar J., 'Border conflict, border fences, and the "Tortilla Curtain" incident of 1978–1979', *Journal of the Southwest*, vol. 50, no. 3, 'Fences' (autumn 2008), pp. 263–278

Mexico's Constitution of 1917 with Amendments through 2015, Constitute (www.constituteproject.org/constitution/Mexico_2015.pdf?lang=en)

Neeley, Jenny, 'Over the line: Homeland Security's unconstitutional authority to waive all legal requirements for the purpose of building border infrastructure', *The Arizona Journal of Environmental, Law & Policy*, 11 May 2011

Nowrasteh, Alex, *Guide to Trump's Executive Order to Limit Migration for 'National Security' Reasons* (Washington, DC: Cato Institute, 26 January 2017)

Obama, Barack, 'Floor statement on immigration reform', speech, 3 April 2006 (obamaspeeches.com/061-Immigration-Reform-Obama-Speech.htm)

'Political polarization in the American public', Pew Research Center, 12 June 2014 (www.people-press.org/2014/06/12/political-polarization-in-the-american-public/)

Stovall, Preston, 'Reassessing cultural divisions in the United States', Quillette, 13 January 2017

Yearbook of Immigration Statistics (Washington, DC: DHS Office of Immigration Statistics, 2015)

第三章

'Behind the headlines: facts and figures – Islam in Israel', Israel Ministry of Foreign Affairs, 9 June 2016 (mfa.gov.il/MFA/ForeignPolicy/Issues/Pages/Facts-and-Figures-Islam-in-Israel.aspx)

'A document of general principles and policies', Hamas, 1 May 2017 (hamas.ps/en/post/678/a-document-of-general-principles-and-policies)

'Internal fight: Palestinian abuses in Gaza and the West Bank', Human Rights Watch, July 2008 (www.hrw.org/report/2008/07/29/internal-fight/palestinian-abuses-gaza-and-west-bank)

'OECD reviews of labour market and social policies: Israel', OECD, January 2010 (www.oecd-ilibrary.org/employment/oecd-reviews-of-labour-market-and-social-policies_20743408)

Starr, Kelsey Jo, and Masci, David, 'In Israel, Jews are united by homeland but divided into very different groups', Pew Research Centre, 8 March 2016

Vallet, Elisabeth (ed.), *Borders, Fences and Walls: State of Insecurity?* (Farnham: Ashgate Publishing, 2014)

第四章

Al Homayed, Tariq, 'Interview with His Majesty King Abdullah II', *Asharq Al Awsat*, 23 January 2007 (kingabdullah.jo/en/

interviews/interview-his-majesty-king-abdullah-ii-71)

'The Berm', GlobalSecurity.org, accessed 4 December 2017 (www.globalsecurity.org/military/world/gulf/kuwait-the-berm.htm)

Tomkins, Richard, 'Airbus, Saudi Arabia finish Northern Border Security project', United Press International, 23 September 2014

第五章

Ambedkar, B. R., and Anand, S. (eds), *Annihilation of Caste: The Annotated Critical Edition* (London and New York: Verso, 2014)

Couderé, Hanne, 'India: violence against Dalits on the rise', *The Diplomat*, 19 May 2016

Hanson, S.; Nicholls, R.; Ranger, N., et al., 'A global ranking of port cities with high exposure to climate extremes', *Climatic Change*, vol. 104, no. 1 (January 2011), pp. 89–111

Hasnain, Lieutenant General Syed Ata, 'Why the fence on the line of control', *South Asia Defence and Strategic Review*, May 2014

Jones, Reece, *Violent Borders: Refugees and the Right to Move* (London and New York: Verso, 2016)

Lindley, Mark, 'Changes in Mahatma Gandhi's views on caste and intermarriage', *Hacettepe University (Ankara) Social Sciences Journal*, vol. 1 (1999)

Roy, Arundhati, 'India's shame', *Prospect Magazine*, 13 November 2014

Shamshad, Rizwana, 'Politics and origin of the India–Bangladesh border fence', paper presented to the 17th Biennial Conference of the Asian Studies Association of Australia in Melbourne, 1–3 July 2008

'Skin colour tied to caste system, says study', *Times of India*, 21 November 2016

Sukumaran Nair, P., *Indo-Bangladesh Relations* (New Delhi: APH Publishing, 2008)

Tripathi, Sanjeev, 'Illegal immigration from Bangladesh to India: toward a comprehensive solution', Carnegie India, 29 June 2016

第六章

Agyemang, Felix, 'The emergence of gated communities in Ghana and their implications on urban planning and management', *Developing Country Studies*, vol. 3, no. 14 (July 2013), pp. 40–46

Aisien, Ebiuwa, and Oriakhi, Felix O. U., 'Great Benin on the world stage: reassessing Portugal–Benin diplomacy in the 15th and 16th centuries', *IOSR Journal of Humanities and Social Science*, vol. 11, no. 1 (May–June 2013), pp. 107–115

Beegle, Kathleen G.; Christiaensen, Luc; Dabalen, Andrew L.; and Gaddis, Isis, *Poverty in a rising Africa: overview* (Washington, DC: World Bank Group, 2015)

Breetzke, Gregory D., Landman, Karina and Cohn, Ellen G., 'Is it safer behind the gates? Crime and gated communities in South Africa', *Journal of Housing and the Built Environment*, vol. 29, no. 1 (March 2014), pp. 123–139

Ediagbonya, Michael, 'A Study of the Portuguese–Benin trade relations: Ughoton as a Benin port (1485–1506)', *International Journal of Humanities and Cultural Studies,* vol. 2, no. 2 (July–September 2015), pp. 206–221

Fisher, Max, 'The dividing of a continent: Africa's separatist problem', *The Atlantic,* 10 September 2012

Global Study on Homicide 2013, United Nations Office on Drug and Crime (UNODC), March 2014

'International Court of Justice gives judgment in Cameroon–Nigeria boundary dispute', International Court of Justice Press Release, 10 October 2002 (www.un.org/press/en/2002/icj603.doc.htm)

'Land and Maritime Boundary between Cameroon and Nigeria', The Hague Justice Portal (www.haguejusticeportal.net/index.php?id=6220)

Onuoha, Mimi, 'A 5-mile island built to save Lagos's economy has a worrying design flaw', *Quartz Africa,* 18 March 2017

Pearce, Fred, 'The African queen', *New Scientist,* 11 September 1999

'Yoruba kingdoms – Benin and Ife', GlobalSecurity.org, accessed 12 December 2017 (www.globalsecurity.org/military/world/africa/yoruba.htm)

第七章

'Attitudes towards immigration in Europe: myths and realities', European Social Survey, European Parliament, 19 June 2017 (www.europeansocialsurvey.org/docs/findings/IE_Handout_FINAL.pdf)

Judt, Tony, *A Grand Illusion? An Essay on Europe* (New York and London: New York University Press, 2011)

Katz, Bruce; Noring, Luise; and Garrelts, Nantke, 'Cities and refugees: the German experience', Brookings Institution report, 18 September 2016

Lambert, Charles, 'French immigration problems', *Foreign Affairs*, January 1928

Leuenberger, Christine, 'Constructions of the Berlin Wall: how material culture is used in psychological theory', *Social Problems*, vol. 53, no. 1 (February 2006), pp. 18–37

Pew-Templeton Global Religious Futures Project, Pew Research Center report, 2010

Ross, Corey, 'East Germans and the Berlin Wall: popular opinion and social change before and after the border closure of August 1961', *Journal of Contemporary History*, vol. 39, no. 1 (January 2004), pp. 25–43

Stein, Mary Beth, 'The politics of humor: the Berlin Wall in jokes and graffiti', *Western Folklore*, vol. 48, no. 2 (April 1989), pp. 85–108

Steinmetz, Vanessa, 'Das sollenFlüchtlingekünftigleisten', *Spiegel Online*, 24 May 2016

第八章

Bruce, John Collingwood, *The Roman Wall* (London: J. R. Smith, 1851)

Divine, David, *Hadrian's Wall: North-west Frontier of Rome* (New York: Barnes and Noble, 1995)

Nolan, Paul, 'Two tribes: a divided Northern Ireland', *Irish Times*, 1 April 2017

'Population of the UK by country of birth and nationality: 2015', Office for National Statistics, 25 August 2016

Torney, Kathryn, 'How integrated are the schools where you live?', *The Detail*, 23 November 2012

United Kingdom 2011 Census, Office for National Statistics (www.ons.gov.uk/census/2011census)

國家圖書館出版品預行編目(CIP)資料

牆的時代：國家之間的障礙如何改變我們的世界 / 提姆.馬歇爾(Tim Marshall)作；林添貴譯. -- 初版. --
新北市：遠足文化, 2019.09
面；　公分. -- (遠足新書)
譯自：Divided: Why We're Living in an Age of Walls
ISBN 978-986-508-022-8(平裝)
1.國際政治 2.國家主義 3.孤立主義

578　　108011318

遠足文化　　讀者回函

遠足新書

牆的時代：國家之間的障礙如何改變我們的世界

Divided: Why We're Living in an Age of Walls

作者・提姆・馬歇爾（Tim Marshall）｜譯者・林添貴｜責任編輯・龍傑娣｜協力編輯・潘靜怡｜校對・楊俶儻｜封面設計・牛俊強｜出版・遠足文化事業股份有限公司・第二編輯部｜社長・郭重興｜總編輯・龍傑娣｜發行人兼出版總監・曾大福｜發行・遠足文化事業股份有限公司｜電話・02-22181417｜傳真・02-86672166｜客服專線・0800-221-029｜E-Mail・service@bookrep.com.tw｜官方網站・http://www.bookrep.com.tw｜法律顧問・華洋國際專利商標事務所・蘇文生律師｜印刷・崎威彩藝有限公司｜排版・菩薩蠻數位文化有限公司｜初版・2019年9月｜初版二刷・2022年10月｜定價・380元｜ISBN・978-986-508-022-8